KB192549

인도, 신화로 말하다

인도, 신화로 말하다

글·사진 | 현경미

⊙ 도래

여행의 패턴은 여행자의 성향에 따라 크게 두 부류로 나뉜다. 첫 번째는 사전 조사파로, 떠나기 몇 달 전부터 책과 인터넷을 샅샅이 뒤져 여행지의 모든 정보를 다 섭렵하고 분단위로 완벽한 일정을 짜는 사람들이다. 사정이 그렇다 보니 자기가 짠 스케줄이 족쇄가 되어 즐거운 여행이 아니라 고행으로 변해 강행군을 하는 경우도 있다. 두 번째는 사후 조사파로서 일명 막가파이다. 무조건 떠나고 보는 것! 가고 싶은 곳을 정하면 아무 계획 없이 떠나고 본다. 그리고 갔다 와서 여행지의 추억을 되살리며 좀 더 자세히 공부한다. 아는 만큼 보이는 것도 사실이고, 보고 난 다음 이해가 빨리 되는 것도 사실이다. 인도 여행을 가기 전에 방대한 자료 조사를 해도 카스트 제도가 어떤 것인지, 소가 어떤 대접을 받고 있는지 이해하기 쉽지 않다. 그건 단순히 정보에 지나지 않기 때문이다. 인도에 도착해서야 사람들은 피상적인 지식이 아니라 체험을 통한 지식을 얻는다. '아하! 정말 길거리 한복판으로 소가 걸어 다녀도 자동차들이 피해서 잘도 다니는구나' 하고. 사전 지식 없이 공항에 도착하여 버스를 타고 이동하는 동안 도로 중앙선에서 느긋하게 오수를 즐기는 소를 보면서 문화적 충격에 빠지고, 인도에 대한 궁금증이 생겨 공부하는 사람들도 있다. 어떤 여행자의 방식이 옳은지 따지는 것은 무의미하다.

나의 4년여 인도 생활을 돌아보면 후자에 가깝다. 일상에 쫓겨 화장실에서 쓰는 다 낡아 빠진 수세미까지 바리바리 싸 들고 가서 시작한 인도 생활이다 보니 사전에 공부하고 자시고 할 것도 없었다. 생체리듬상 가장 활동하기 좋은 싱그러운 5월의 한국에서 어느 날 갑자기 45도 불볕지옥의 나락으로 떨어진 것과 다름없었다. 두꺼운 겨울 옷을 잔뜩 껴입고 있다가 갑자기 열탕 한복판으로 들어간 것이다. 물이 너무 뜨거워 차마 옷을 벗지도 못하고 옷 입은 채 허우적거리며 힘겹게 움직이는 것만 같았다. 조금씩 익숙해지면서 인도에 대해 더 알아가려던 차에 예상보다 1년 일찍 서울로 돌아오게 되었다. 인도에 대해 공부할 시간이 많이 남았다고 생각해서 느긋하게 사진만 찍고 있었는데 내 삶의 방향은 이미 인도를 떠나 서울을 향해 있었다.

인도에서 정신없이 살다가 서울로 돌아와서 인도에 대해 더 많은 공부를 하게 되었다. 결국 4년은 인도에서, 4년은 서울에서 인도 공부를 한 셈이다. 사진으로만 힌두신화를 이해했다가 다양한 책을 읽고, 인도에서의 생활을 반추해 보면서 퍼즐을 맞추듯 힌두신화에 대해 글을 쓰게 되었다. 서양문화를 이해하기 위해서는 성경과 그리스 로마 신화를 알아야 하듯, 인도문화를 제대로 이해하기 위해서는 힌두신화에 대해 피상적인 지식이라도 어느 정도 갖고 있어야 한다. 단 며칠의 여행을 통해 한 나라의 정신문화 근간을 자세히 알 수는 없지만, 개괄적인 내용만 알고 가도 여행에서 얻는 만족도는 배가될 것이다. 인도는 특히 우리와 전혀 다른 듯하면서도 예기치 않게 비슷한 요소가 많다. 가게 개업식에서 흥을 돋우기 위해 공연하는 인도 음악가들을 보고 우리의 사물놀이와 흡사해서 깜짝 놀라기도 했고, 박물관에서 바리때를 보고 마치 내 것을 누군가가 가져다 놓은 것 같은 느낌이 들기도 했다. 불교라는 뿌리가 아마 그 모든 유사성의 근원일 것이다. 불교의 시작을 찾아가다 보면 다시 힌두신화와 만나게 된다. 우리나라 절에서 만난 '옴'자가 그것을 증명한다.

힌두신화에 대해서 책으로 엮으면서 그동안 짐처럼 느끼고 있었던 숙제를 끝낸 듯하다. 힌두신화가 워낙 방대하고, 지역마다 조금씩 다르기 때문에 내가 쓴 글에 오류가 있을 수도 있다는 점을 밝혀두고 싶다.

2015년 3월
현경미

PART

1

신
화

속
으
로

이스콘(Iscon)에 있는 브라마 조각상.

힌두교 신들의 계보

"석기시대부터 지구촌 시대에 이르기까지 인류의 모든 역사가 아직도 활발히 살아 숨 쉬는 곳은 지구상에 인도밖에 없다."

— 마이클 우드(Michael Wood)의 『인도 이야기(Story of India)』 중에서

영국의 역사가이자 BBC의 다큐멘터리 프로듀서인 마이클 우드의 말이다. 인도의 현재 상황을 가장 적절하게, 이보다 더 간결하게 표현할 수 없다 싶을 정도로 꼭 들어맞는다. 인도는 인공위성을 쏘아 올리고 1998년에 이미 핵실험을 했을 만큼 최첨단 과학 강국이지만, 그 이면에는 극심한 빈부격차로 인해 석기시대와 같은 생활을 하는 사람들 또한 부지기수로 많다.

문화의 다양성은 이미 알려진 대로 공식 언어만도 18개, 비공식 언어

는 400여 개가 넘어서 수도 뉴델리의 표지판은 힌디어, 펀자브어, 우르드어, 영어 등 네 종류로 표기되어 있다. 인구는 12억 명으로 세계 2위, 나라의 면적은 세계 7위로 한반도의 15배에 해당하는 대국이다. 이처럼 거대한 대륙 인도가 소우주로 취급되고 있을 만큼 복잡한 나라임에도 불구하고 하나의 나라로 유지되고 있는 가장 큰 이유는 힌두교라는 종교 아래 전승되어온 통일된 생활문화 때문일 것이다. 근본적으로 인도는 종교의 자유가 보장된 나라이지만 국민의 80퍼센트가 힌두교 신자다. 이슬람교, 자이나교, 시크교도 힌두교와 융합되어 완전히 별개의 종교라고 볼 수 없다.

인도의 종교, 생활, 문화 등을 아우르는 힌두교를 이해하지 않고서는 인도에 대해 안다고 할 수 없다. 그런데 3억 3천 명의 신이 존재한다는 사실을 알고 나면 힌두교를 이해한다는 것이 거의 불가능에 가깝다고 느낄지 모르겠다. 그렇지만 포기하기는 이르다. 3명의 신과 그의 부인만 제대로 이해하면 그 나머지는 저절로 알게 되기 때문이다. 인도에서 생활하거나 관광할 때 이 신들의 존재 이유를 알지 못하면 왜 그런 축제가 생겼는지, 사원의 조각상이 무엇을 의미하는지 알 수 없다.

힌두교의 3대 신은 창조주 브라마(Brahma), 보존자 비슈누(Vishnu), 파괴자 시바(Shiva)이다. 먼저 창조주 브라마를 살펴보자. 얼핏 생각하면 세상 만물을 만든 브라마가 가장 위대한 신이고 수많은 사람들이 숭배하는 대상이라고 예상하겠지만, 인도 그 넓은 땅에 브라마를 위한 사원은 푸시카르 단 한 곳밖에 없다. 자신이 창조한 딸 사라스와티(Saraswati)를 아내로 맞이해서 윤리에 어긋나기 때문에 사람들이 싫어한다는 설이 지배적이다.

인도, 신화로 말하다

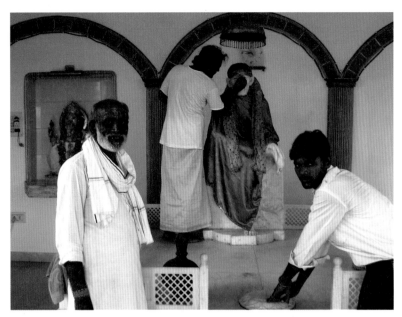
곱게 단장 중인 사이바바 조각상과 일하는 사람들.

그는 또 귀가 얇아 아무 소원이나 들어주고 저주를 내려 많은 혼란을 야기하기도 한다. 그래서인지 사람들은 창조주인 브라마보다도 지식의 신인 사라스와티에게 더 많은 기도를 올린다.

어떤 조각상이 브라마인지 알아보려면, '머리가 네 개인 노인이 한 손에 물항아리를 들고 있다'는 것만 기억하면 된다. 브라마가 세상 만물을 창조할 때 물을 이용했다는 점은 현대 과학에서 보면 경이롭기까지 하다. 진화론에 따라 지구상의 모든 생물이 물에서 탄생했다는 것은 누구나 다 알고 있는 사실이니 말이다.

브라마의 머리가 네 개인 것에도 사연이 있다. 사라스와티가 너무나 예

'옴'자 밑에 있는 시바와 그의 부인 파르바티.

뼈 그녀가 가는 곳이라면 사방팔방 어디라도 보기 위해서 머리가 네 개라는 것이다. 원래는 위를 바라보는 머리도 있어 총 다섯 개였는데, 브라마의 행동이 지나치다며 화가 난 시바가 위를 보는 머리 하나를 댕강 잘라버렸다고 한다.

위대한 창조주 브라마의 시선을 한 몸에 받은 지식의 신 사라스와티 역시 단번에 알아볼 수 있다. 세상에서 둘째가라면 서러울 정도로 화려한 인도의 전통 옷 사리는 색깔과 장식이 복잡하고 휘황찬란하다. 그런데 유독 이 사라스와티만큼은 별다른 치장 없이 순백의 옷을 입고 있다. 한 손으로는 멋진 비나(Veena)를 연주하고 한 손에는 책을 든 수수한 모습이다. 지식이 있으면 요란한 치장을 하지 않아도 그 자체로 빛을 발한다는 사실을 이 여신이 말해주는 듯하다.

특히 음악이나 미술, 무용 등 예술을 하는 사람이라면 꼭 이 사라스와티에게 기도해야만 성공할 수 있다. 인도에서는 학교마다 이 여신을 모신 제단이 있어 학기 초에 공부를 잘하게 해달라고 제사를 지내기도 한다. 규모가 큰 대학에는 이 여신을 모신 사원이 따로 있을 정도로 지식과 지혜를 필요로 하는 곳 어디에나 존재하는 아름다운 여신이다.

두 번째 신은 바로 비슈누다. 이 신만큼 다양한 이름과 얼굴을 가진 신은 없을 것이다. 알파벳으로 표기하면 Vishnu, 비슈누라고 발음되지만 인도에서 'V'는 소리가 나지 않는 경우가 대부분이라 위슈누라고 읽는다. 흔히 보존자, 유지자라고 번역되는 비슈누의 'vish'는 '스며들다, 온 세상에 가득하다'라는 뜻으로 이 세상이 돌아가도록 유지하고 보존하는 신이라는 뜻이다. 창조에서 끝나는 것이 아니라 애프터 서비스까지 해주는 것이다. 인간의 삶과 밀접한 연관이 있어서인지 힌두교 신자 중 대부분이 비슈누를 주신으로 모시고 있다고 한다.

비슈누의 가장 큰 특징은 피부색과 화려한 의상이다. 비슈누의 몸이 푸른색인 데는 여러 가지 설이 있는데, 치명적인 독을 가진 뱀과 싸워 이긴 후 그 독이 야무나 강에 흘러 들어가는 것을 막기 위해 자신의 온몸에 독을 발라서 그렇다는 설이 있고, 하늘과 바다가 파랗기 때문에 푸른 몸이 우주를 상징한다는 설이 있다. 결과적으로 푸른 몸은 비슈누의 상징이 되었고, 세상에 아바타로 다시 태어날 때도 그의 몸은 푸른색을 띠고 있다.

제임스 카메론의 영화로 더 많이 알려진 〈아바타〉의 모델이 바로 비슈누이다. 그는 지구가 악의 무리로부터 고통 받을 때마다 새로운 아바타로 변신해 세상을 구한다. 비슈누의 아바타 중에서 가장 사랑 받는 캐릭터는 라마와 크리슈나로, 비슈누보다 더 많은 사랑을 받고 있다. 라마는 신들도 존경해 마지않는 가장 완벽한 인간의 표본으로 추앙받는다. 사악한 왕 라바나(Ravana)를 처단하고 돌아오는 라마를 맞이하기 위해 시작된 불꽃 축제 디왈리(Diwali)는 인도인의 삶에서 가장 큰 부분을 차지하는데, 우리나라의 설과 추석을 합친 것만큼 중요하다.

비슈누와 라마, 크리슈나를 구별하기 위해서는 그들이 손에 들고 있는 것이 무엇인가를 살펴보면 된다. 비슈누는 오른손에 커다란 철퇴와 원반, 고동을 들고 있다. 라마는 활을 들고 있으며 보통 아내인 시타와 동생 락슈만을 양쪽에 거느리고 있는 모습이고, 크리슈나는 개구쟁이 목동이었던 어린 시절을 보여주듯 피리를 불며 아내 라다와 함께 있는 형상이다.

비슈누가 사랑 받는 이유 중 하나는 바로 그의 아내 락슈미 때문이다. 그녀는 재물을 관장하는 신으로 비슈누에게 기도하는 사람들에게 부(富)를 나눠준다. 그녀는 모든 여성들의 귀감이 되는 완벽한 여성상이다. 인도에서는 결혼식 때 신부가 락슈미 여신처럼 치장한다.

속세에서 가장 중요한 것은 무엇일까. 솔직하게 말하면 돈과 권력이다. 그중에서도 인간에게 돈은 그 무엇과도 견줄 수 없는 욕망의 대상이다. 모든 사람들이 많은 돈을 원한다. 그래서 힌두교 신 중에서도 부를 관장하는 여신 락슈미가 가장 많은 사랑을 받을 수밖에 없는 것이다. 집집마다 락슈미 신상이나 그림이 모셔져 있고, 일 년을 오직 디왈리 축제만을 위해 존재하듯 살아가는 인도사람들이 가장 먼저 공들여 하는 일도 락슈미의 관심을 얻기 위해 집안을 대대적으로 단장하는 일이다.

한 번은 비슈누가 부인 락슈미의 말을 듣지 않은 적이 있었다. 화가 난 락슈미는 집에서 나와 어딘가로 숨어 버렸다. 대단한 능력을 가진 신 비슈누도 아내 락슈미 없이는 자신에게 기도하는 신자들에게 재물을 나눠 줄 수 없었다. 돈줄을 락슈미가 쥐고 있었기 때문이다. 조금 과장하면 '아내 말을 듣지 않는 사람들은 부자가 될 수 없다'는 논리까지 펼 수 있다.

마지막으로 파괴의 신 시바에 대해 살펴보자. 시바는 대단히 복잡한 신이다. 파괴의 신이라니. 대체 뭘 파괴한다는 거지? 멀쩡히 잘 돌아가고 있는 속세를 없애버리려는 것은 아닐 테고…. 바로 인간의 욕망과 악업, 무지를 파괴한다는 뜻이다.

시바는 외모 역시 독특한데, 화려한 옷을 입고 어여쁜 아내로부터 안마를 받고 있는 비슈누와는 정반대로 헝클어진 머리카락에 다 낡은 호피무늬 옷, 손에는 무시무시한 삼지창을 들고 명상하는 모습이다.

시바 관련 신화는 너무나 많아서 일일이 다 거론할 수조차 없지만, 그중에서도 독특하게 두 개의 변형된 모습이 중요하다. 하나는 링가라는 형태의 남근상이다. 다산을 의미하는 링가와 파괴의 신은 전혀 어울릴 것 같지 않은 조합이지만 곰곰이 생각해 보면 파괴와 창조는 한 몸이나 마찬가지다. 파괴가 이루어지지 않으면 창조 역시 이루어지지 않는다. 거친 흙을 보고 매끈한 도자기를 떠올릴 수 있을까. 흙의 물성이 파괴되지 않았다면 도자기라는 새로운 형태가 만들어지지 않을 것이다. 내 안에 가득 찬 욕심을 버리지 않는다면 자비심은 생겨나지 않는다.

시바의 또 다른 변형은 춤추는 나타라자(Nataraja)이다. 나타라자 조각상이나 그림은 인도 전역 어디서나 볼 수 있을 뿐만 아니라, 힌두교를 믿는 동남아시아 여러 나라에서도 가장 흔히 볼 수 있다. 그의 춤추는 동작은 생명을 의미한다.

시바에게도 시타라는 어여쁜 아내가 있었다. 그런데 시타의 아버지 닥샤는 시바의 남루한 모습을 남들에게 보여주기 싫다는 이유로 대대적인 불의 제사를 지내는 자리에 시바와 시타를 초대하지 않았다. 몹시 화가 난 시타는 제사를 망치기로 작정하고 무작정 불속으로 뛰어들어 자신의 몸을 해하고 만다. 가만있을 리 없는 시바는 제사상을 엎어버리고 닥샤의 머리도 삼지창으로 날려 버린다.

여러 개의 손에 각기 다른 무기를 들고 있는 드루가 여신.

　오랜 세월이 지나 시바는 두 번째 부인 파르바티를 아내로 맞이하게 된
다. 그녀는 시타의 환생인데, 더욱더 강력한 힘을 가지고 있었다. 모든 에
너지의 원천인 '샥티(Shakti)'는 파르바티로부터 나온다. 그녀 역시 세 가지
변형을 일으키는데, 악을 물리치는 여전사 '두르가'의 모습도 그중 하나
다. 시바의 아내 파르바티의 모습보다는 두르가의 모습일 때 더 많은 사랑
을 받는다. 사람들은 그녀를 마더 두르가라고 부르면서 일상생활에서 그

녀를 모신다.

두르가 여신의 탄생 과정은 훨씬 더 드라마틱하다. 요즘 유행하는 SF영화로 만들어도 전혀 손색이 없을 만큼 상상력이 풍부하다. 시바가 자신의 에너지로 얼굴을 만들고, 야마는 검은 머리를, 비슈누는 손을, 달은 가슴을 만드는 등 모든 신들이 총출동해서 자신의 능력을 최대한 발휘하여 여신을 만들었으니 그 외모 또한 탁월할 수밖에 없었다. 강남에서 최고로 잘 나가는 성형외과 의사들이 한데 모여 완벽한 컴퓨터 미인을 만드는 것과 다르지 않다. 외모뿐만 아니라 신들은 그녀를 탁월한 능력을 지닌 최고의 전사로 무장시킨다. 천둥의 신 루드라가 준 삼지창, 신들의 왕 인드라가 준 번개, 비슈누가 준 원반 등 18개의 손에는 각기 하나씩 무기를 들고 있다.

이 과정을 곰곰이 생각해 보면 어디서 많이 본 듯한 장면이라고 생각할 것이다. 바로 어린이 만화영화에 자주 등장하는 악당을 물리치는 방법이다. 착한 전사들이 함께 모여 주문을 외우고 각자 손에서 나오는 광선이 일치되면 괴력의 힘을 발휘하는 새로운 생명이 태어난다. 어린 아이들이 주로 보는 만화영화에서도 사랑과 정의의 이름으로 악의 무리를 심판할 때 허공을 가르는 거대한 광선이 나오지 않는가. 수천 년 전에 힌두 신들이 광선을 이용해 또 다른 신을 만들었다는 사실을 만화가들은 알고 있었을까?

세 번째 변형은 무시무시한 괴물 칼리의 모습이다. 세 여신의 모습을 구분하자면, 파르바티는 시바 옆에서 조용히 서 있는 여인의 모습이고, 두르가는 18개나 되는 팔에 강력한 신들로부터 받은 18개의 무기를 든 모습이다. 칼리의 모습은 한 번 보면 절대로 잊어버릴 수 없을 만큼 강렬하다. 한쪽 발로 시바의 가슴을 짓누르고 있는데, 목에는 해골을 주렁주렁 매달고, 붉은 혓바닥은 길게 나와 있다. 칼리의 무시무시한 모습 역시 악마를 물리치기 위한 변형으로 본다.

지금까지 힌두교 3대 신에 대해 알아보았다. 그들 외에 가장 많이 볼 수 있는 두 명의 신은 바로 파르바티와 시바의 아들 가네슈와 라마의 충실한 신하 하누만이다. 가네슈는 사람의 몸에 코끼리의 얼굴을 가진 신으로, 인도 전역에서 힌두교 3대 신보다 더 많이 볼 수 있는 신이 바로 이 가네슈일 것이다. 장애물을 막고 복을 준다고 해서 상인들은 아침에 문을 열기 전에 향을 피우고 가네슈와 락슈미 신에게 기도를 올린다. 오늘 하루도 장사가 잘되게 해달라고. 최첨단을 창조해내는 IT기업일지라도 회사를 창립하면서 지내는 제사에 가네슈 신을 빼놓지 않는다고 한다.

하누만은 원숭이의 얼굴과 사람의 몸을 가진 신으로, 가장 대중적이며 인도뿐만 아니라 동남아 어디에서나 볼 수 있는 친근한 신이다. 강인하고 용감하며 충직한 하누만은 라마의 부하인데,《서유기》에 나오는 손오공의 모델이라는 설도 있다.

인도인의 삶에서 힌두교는 현재진행형이다. 외부인이 언뜻 보면 미신처럼 보이지만 수천 년 동안 그들의 역사 속에 녹아 있는 것은 물론, 지금도 각 가정이나 사회에서는 힌두교의 윤리와 규범을 따르고 있다. 태어나면서부터 죽을 때까지 힌두교는 인도인의 삶 전체를 지배한다.

분홍 연꽃 좌대에 앉아 재물을 쏟아내고 있는 락슈미 여신.

부자가 되고 싶은가?
그렇다면 락슈미에게 잘 보이자

이멜다의 신 3천 켤레보다 3만 배나 많은, 3억 명 이상의 신이 존재하는 드넓은 인도 땅에서 한 집도 빠짐없이 모시고 있는 여신 락슈미(Lakshmi). 조각 같은 얼굴에 풍만한 몸매를 가진 이 아름다운 여신이 어찌하여 이토록 힌두교인들에게 인기 폭발일까. 사람들은 모두 자기 집에 이 여신을 모셔두고 오매불망 여신이 왕림하기만 기다리고 있다.

이유는 단 하나다. 부자가 되고 싶기 때문이다. 자본에 지배되는 이 사회에서는 부자가 되고 싶은 사람들의 욕망이 넘쳐난다. 인간이 하는 대부분의 행위는 부자가 되기 위한 몸부림에 지나지 않는다. 아이가 태어나자마자 부모들은 머리 좋은 아이를 만들기 위해 피나는 노력을 하는데, 공부를 잘해야 좋은 학교를 들어가고 좋은 직업을 가져야 돈을 많이 벌 수 있다는 생각이 있기 때문이다.

모든 중생이 원하는 것을 가진 락슈미가 숭배의 대상이 되는 것은 당연한 이치다. 재물을 관장하는 신에게 잘 보여야만 현세에서 부귀영화를 누릴 수 있다. 그렇다면 이제부터 이 여신에게 잘 보이기 위한 작전을 세워 보자. '부자가 되기 위한 작전이라는데 뭔가 거창한 계획이 나오겠지' 하고 기대 만발하고 있던 사람들은 작전의 핵심을 파악하고 나서는 너무 허탈해서 '이건 사기다'라고 항의성 이메일을 보낼 수도 있을 것이다. 너무 많이 보내지는 마시라. 그럼 내 메일함이 가득 차버릴 테니까.

먼저 락슈미가 좋아하는 사람들은 어떤 유형인지, 싫어하는 사람은 어떤 유형인지 살펴봐야 한다. 일단 상대방의 취향을 알아야 알맞은 작전을 세우지 않겠는가. 다음 일화를 보면 답이 나온다.

한 번은 크리슈나의 부인 룩미니(Rukmini)가 물었다.

"여신이시여, 즐겨 찾으시는 장소가 어떤 곳인지요? 또한 어떤 사람들을 특별히 어여삐 여기시는지 궁금하나이다."

그때 락슈미가 이렇게 대답했다.

"공손하게 말하고 화내지 않으며, 자기 자신을 절제할 줄 알고 올바르고 헌신적이며 감사할 줄 아는 관대한 사람들에게 부를 나눠 주느니라. 내가 좋아하는 사람은 어른을 공경하고 현명하며, 순수한 마음을 갖고 있으면서 너그럽고, 종교적인 사람이란다. 남편을 공경하고 진실하며 어느 한곳에 치우치지 않고, 겸손하고 덕 있는 사람을 또 좋아하지. 향을 피우고 늘 경건하게 기도하는 사람은 절대로 떠날 수 없단다."

락슈미에게 잘 보이는 일이 그리 어렵게 보이지는 않는다. 공부를 잘해서 상위 1퍼센트에 들어야 할 필요도 없고, 10년 넘게 영어 공부에 매진해서 외국인과 술술 대화를 할 수 있을 정도의 능숙한 회화 실력이 필요한 것도 아니다. 그저 마음먹기에 달린 일들이다. 부모님께 효도하고, 범사에 감사하며, 겸손하게 행동하면 여신님의 눈 밖에 나지 않는다는 것이다. 인간의 기본 도리에만 충실해도 된다는 사실에 일단 안도감이 든다. 배우 뺨치게 예쁘고 잘생겨야 하는 것도 아니니 얼마나 다행인가. 그렇다면 그녀가 제일 싫어하는 사람들은 어떤 유형일까. 마하바라트(Mahabharat)의 《샤르다 틸락(Sharda Tillak)》경전에 따르면 다음과 같다.

"나는 불결하고 인내심 없는 알코올 중독, 마약 중독자 같은 사람들을 제일 싫어하느니라. 아무리 성심껏 제사를 지내도 그런 사람 곁에는 머물고 싶지 않지. 특히 더러운 옷을 입거나, 이를 닦지 않거나, 목욕을 하지 않거나, 과식하거나, 폭언을 하거나, 해가 뜬 뒤에도 잠을 자는 사람에게는 절대로 가지 않는단다."

사람들을 판단할 때 기본적으로 인간 됨됨이가 반듯한 사람의 인상은 그리 오래가지 않는다. 말 그대로 기본이니까 모두들 그러려니 한다. 하지만 기본을 벗어나 다른 사람들이 싫어하는 행동을 하면 단박에 시선을 끌게 된다. 트위터나 페이스북 같은 SNS에 좋은 말만 잔뜩 써놓으면 기삿거리가 안 되지만, 거침없는 온갖 욕설이나 과격한 이야기를 써놓으면 기사

화되는 것과 같은 이치다. 결국은 락슈미가 무엇을 싫어하는지가 중요하다. 그분이 싫어하는 행동을 절대로 해서는 안 되는 것이다.

락슈미가 좋아하는 사람과 싫어하는 사람의 유형을 잘 살펴보면 한 가지 답을 얻게 된다. 어렸을 때 듣던 엄마 말씀과 크게 다르지 않다는 것, 즉 엄마 말씀을 잘 듣고 그대로 실천하면 부자가 되는 것도 그리 어렵지 않다는 이야기이다. 보면 볼수록 단순 명쾌한 논리다. 술이나 마약, 혹은 지나치게 향신료를 많이 넣어 정신을 혼미하게 만드는 음식을 자주 먹는 사람들이 부자가 되긴 어렵다. 게으르고 모든 일에 금방 싫증을 내는 사람이 성공해서 부자가 되었다는 이야기는 들어본 역사가 없다. 부지런하게 자기 몸을 깨끗이 하고 품격 있는 언어를 사용한다면 그 사람은 주변 사람들로부터 칭찬을 받을 것이고 많은 사람들이 그를 따를 것이다. 지금까지 우리는 부자가 되려면 무슨 큰 비법을 알아야 한다고 생각했다.

성경(욥기 8:7)에 이런 구절이 있다. "네 시작은 미약하였으나, 네 나중은 심히 창대하리라." 하지만 락슈미 여신은 반대의 경우라고 할 수 있다. 부자가 되겠다는 원대한 꿈의 시작은 뱀의 꼬리보다 못한 취급을 받는 엄마의 잔소리로 끝나버렸으니 말이다. 그러나 아이러니하게도 결과는 같다. 자신의 지난 삶의 경험과 자식에 대한 애정에서 비롯된 부모님의 잔소리가 실제로 아이의 미래를 바꾸어 놓을 수도 있기 때문이다. 부모님의 희생과 노력을 바탕으로 훌륭한 인물이 된 사람들의 이야기는 아마 여러분도 많이 들어보았을 것이다. 그 이야기들을 일일이 다 소개하자면 책 한 권으로도 턱없이 부족할 듯하다.

빛나는 황금관을 쓰고 언제나처럼 복을 줄 사람을 찾고 있는 락슈미 여신.

여기까지 읽고 '애개, 이게 무슨 부자가 되는 비법이야' 할 것이다. 수능 만점 맞은 학생들에게 공부의 비법을 물어보면 별 다른 이야기가 없다. 그저 수업시간에 선생님 말씀 잘 듣고 예습과 복습을 열심히 했다는 이야기 밖에는. 부자가 되기 위한 비법 역시 단순하다. 누구나 다 알지만 행동으로 옮기기는 어려운 것들이다.

지금까지는 락슈미에게 어떻게 하면 잘 보일지 연구했다면 이제는 그녀가 누구인지 좀 더 자세히 살펴보자. 그러면 부자가 되는 비법 NO.2가 무엇인지 알게 될 것이다.

락슈미의 탄생과정은 여신답게 예사롭지 않다. 옛날, 먼 옛날에 신들의 왕인 인드라(Indra)가 현자 두루바사(Durvasa)를 무시하는 바람에 그로부터 저주를 받아서 모든 것을 악마에게 잃어버렸다. 당황한 신들은 비슈누를 찾아가서 도움을 구했고 비슈누는 다함께 바닷물을 걸러서 나오는 암릿(amrit), 즉 생명수를 찾아보자고 했다. 이 암릿을 찾기 위한 방법이 바로 '사무드라만트안(Samudramanthan)'이다. 이 말을 정확하게 번역하기는 쉽지 않다. 책마다 조금씩 다르다. '우유 바다 휘젓기'라고 직역한 것이 있는데, 거대한 바닷물을 빨대로 컵에 담긴 우유처럼 휘휘 젓는 느낌이 나지만 딱 맞아떨어지는 표현을 찾기가 어렵다. 인간의 한계를 벗어난 빨대의 역할은 거대한 산이 되는 격으로 바닷물을 걸러서 누가 이기나 보는 경기였다. 이것은 마치 두부나 치즈를 만드는 과정과 비슷한데, 바닷물 전체를 거

마운트 아부에서 만난 모녀.

르다 보면 그 정수가 나오게 된다. 두부를 만들 때처럼 양쪽에서 잡아당기며 기다란 방망이 같은 것을 이용해 짜는데, 바로 그 긴 막대 역할을 하는 산은 만다르(Mandar)가, 로프 역할은 뱀 바수키(Vasuki)가 맡았다. 신과 악마가 양쪽에서 로프를 잡고 바닷물을 거르자 소, 성수, 코끼리, 독, 의사 등 열네 가지가 나왔는데, 그중 하나가 한 손에 연꽃을 들고 우아하게 나타난

부자가 되고 싶은가? 그렇다면 락슈미에게 잘 보이자

아름다운 여신 락슈미다. 때문에 락슈미는 연꽃과 일심동체이다. 그녀는 연꽃처럼 아름답고 진흙탕 속에서도 진리를 찾아내는 지혜의 여신이기도 하다.

락슈미는 바다에서 나오자마자 바로 비슈누의 가슴속에 살기로 결정하고 그의 아내가 되었다. 어떻게 바다에서 나오자마자 성숙한 여인이 되고, 힌두 3대 신 중의 한 명인 비슈누를 점찍어 그의 부인이 되었을까? 그것에 대한 특별한 이야기는 없지만 추론해 보자면 비슈누가 가장 잘생겼기 때문일 것이다. 내가 락슈미라고 해도 처음에 만나게 되는 남자 세 명 중 제왕의 풍모를 가진 비슈누에게 반했을 것이 분명하다. 노인의 모습을 한 창조주 브라마와 온몸은 파랗고 너덜너덜한 호피무늬 옷을 두른 파괴의 신 시바보다는 황금 옷에 보석으로 한껏 멋을 부린 비슈누가 훨씬 더 매력적일 수밖에. 부부가 된 비슈누와 락슈미는 속세의 부부들처럼 싸우기도 하고 화해하기도 하면서 떼려야 뗄 수 없는 사이가 된다. 락슈미가 없는 비슈누는 무일푼의 무능력한 신으로 자신을 추앙하는 중생들에게 아무것도 나눠줄 수 없다.

신화에 의하면 성자 브리구가 브라마, 비슈누, 시바 세 명의 신 중에서 누가 제일 위대한 신인지 테스트했다고 한다. 먼저 브라마는 일부러 작정하고 자신을 모욕하는 브리구에게 화를 냈고, 시바는 그가 사는 곳에 갔을 때 문 앞을 지키고 있던 황소 때문에 만나지도 못했다. 그리고 마지막으로 찾아간 비슈누는 자고 있었는데 인기척을 해도 눈을 뜨지 않자 화가 난 브리구가 비슈누의 가슴을 냅다 걷어 차버렸다. 그런데 비슈누는 화를 내기

느커녕 자신의 단단한 가슴으로 인해 오히려 성자가 다치지는 않았는지 물어볼 정도로 겸손했다. 이에 성자 브리구는 세 명의 신 중에서 비슈누가 최고라고 선언했으나, 옆에서 이를 처음부터 끝까지 지켜보고 있던 락슈미는 그러한 모욕을 당하고도 비굴하게 구는 듯한 남편에게 화가 났다. 왜냐하면 비슈누의 가슴은 그녀가 살고 있는 곳으로, 그곳을 발로 차였다는 것은 자신도 함께 모욕을 당한 것이라고 여겼기 때문이다. 화가 난 락슈미는 모든 성직자들은 가난하게 살 것이라는 저주를 내리고 비슈누를 떠났다. 이런 신화를 읽으면서 신화 속이지만 부부라는 관계가 어쩌면 이렇게 지금과 다를 바가 없는지 피식 웃음이 날 지경이다. 겉으로 볼 때 비슈누는 화려하기 그지없으나, 그가 가진 것은 몸에 걸친 옷가지가 전부다. 모든 재물은 아내에게서 나오는 것이다. 세상의 악을 물리치는 절대능력자도 아내의 가출로 인해 완전 체면을 구긴다. 락슈미가 떠난 뒤 가난해진 비슈누는 쿠베르에게 돈을 꾸게 된다. 싸움이 끝나고 돌아온 락슈미가 빚을 갚겠다고 하자 비슈누는 자기에게 갚지 말고 자기를 위해 열심히 기도하는 사람들에게 베풀라고 말한다. 덕분에 비슈누 신을 열심히 모시는 사람에게도 락슈미의 부와 행운이 돌아가게 되었다.

부자가 되는 비법 NO.2 아내 말을 잘 듣자.

아내가 집을 나가면 남편은 빈털터리가 되어 돈이나 빌리는 신세로 전

인도인들이 가장 좋아하는 세 명의 신. 좌측부터 가네슈, 락슈미, 사라스와티.

락한다. 이에 관한 이야기는 수천 년이 지난 현재에도 통하는 이야기다. 고준석의 책 『강남 부자들』에 보면 수없이 많은 사례가 등장한다. 아내 말을 듣고 성공한 투자와, 안 듣고 혼자 고집부리며 투자해서 손해 본 이야기를 잘 살펴보면 실감이 더 많이 날 것이다.

그렇다면 이처럼 중요한 락슈미 여신을 인도인들은 어떻게 모시고 있는지 살펴보자. 물론 상점 같은 경우 문을 열자마자 상점 안에 있는 제단에 향을 피우고 그날 장사가 잘되기를 기도한다. 그런데 이상하게도 이때는 락슈미와 비슈누에게 제사를 지내는 것이 아니라 락슈미와 가네슈(Ganesh)에게 지낸다. 머리는 코끼리이고 몸은 인간인 가네슈 신이 모든 장애물을 막아준 다음 락슈미 신이 부와 행복을 가져다 준다고 믿기 때문이다. 매일 지내는 제사 외에 인도 최고의 축제인 디왈리가 락슈미 신을 모시는 가장 중요한 때인데, 통장도 이때 개설하고 심지어는 집도 디왈리 전에 수리해서 온 집안을 단장한다. 앞서 말했듯, 불결한 곳에 나타나지 않는 락슈미의 방문을 기다리며 집안을 밝고 청결하게 하는 것이다. 어느 지방에서는 일부러 락슈미가 다녀간 것처럼 발자국을 인쇄해 놓기도 한다.

부의 상징, 락슈미는 어떤 모습일까? 그녀를 묘사한 그림을 보면 그리스 여신들처럼 풍만한 몸매와 아름다운 황금빛 얼굴을 자랑한다. 요즘 한국 사회의 기준으로 보면 비만이라 할 정도로 날씬한 몸매와는 거리가 멀다. 온갖 종류의 화려한 보석으로 치장한 채 붉은색 사리를 입고 있는 락슈미는 네 개의 팔을 가지고 있는데, 남편 비슈누에게 바칠 연꽃, 부와 생명수가 가득 들어 있는 항아리, 황금동전을 들고 있다. 인도에서는 결혼식 때 신부가 아름다운 외모와 부를 가져다주는 락슈미의 상징색인 붉은색과 분홍색 옷을 입고 신랑은 비슈누가 된다. 여기서 신기한 점은 락슈미의 복장이 우리나라 전통 혼례식 예복 색깔과 100퍼센트 일치한다는 것이다. 빨간 치마에 연두색 저고리, 락슈미도 마찬가지다. 붉은 사리에 연두색 윗도리. 인도의 풍습을 알아갈 때마다 예기치 않은 곳에서 우리 문화와의 유사성을 발견하고는 깜짝깜짝 놀란다. 중국이나 일본과도 전혀 다른 우리만의 고유 전통 혼례복이 락슈미의 것과 닮아 있다는 사실이 흥미롭다.

락슈미를 묘사하는 그림은 무척 다양하다. 락슈미 혼자 있는 그림에는 코끼리 두 마리가 그녀에게 성수를 뿌리며 옆에서 지키고 있고, 아름다운 연꽃 속에서 피어나는 모습이다. 비슈누와 함께 있는 그림에서 락슈미는 남편의 가슴이나 발에 손을 얹고 돌봐주는 모습이다. 그림에는 없지만, 그녀를 도와주는 회계사 꾸베르(Couver)가 있다. 신이 어떻게 작은 일까지 전부 기억하겠는가. 그래서 꾸베르가 장부에 누구에게 얼마를 주었는지 기록하는 것이다. 락슈미는 회계사까지 두고 인간들에게 부를 나눠주기 위해 고군분투하고 있다. 꾸베르가 락슈미의 오빠라는 설도 있고 독립된 신으로 추앙받기도 하는 등 지역마다 조금씩 차이가 있지만, 꾸베르가 재물을 보관하고 나눠주는 역할인 것은 마찬가지다.

인도의 신들은 저마다 특이한 운송 수단, 즉 자가용을 가지고 있는데 락슈미는 올빼미를 타고 다닌다. 이 운송 수단에도 각각의 사연이 있다. 밤에 활동하고 낮에 휴식하는 습성을 가진 올빼미는 락슈미의 언니인 알락슈미(Alakshmi)의 화신이라는 설이 있다. 알락슈미는 빈곤의 신이기 때문에 락슈미가 올빼미를 타고 와서 나눠주는 부는 언제나 논쟁과 싸움을 동반한다. 부자가 되었다고 해서 늘 행복한 것도 아니고 부자가 되는 길이 늘 정당한 것도 아닌 점을 보면 알 수 있다.

락슈미의 남편 비슈누는 가루다라는 커다란 새를 타고 다닌다. 둘이 함께 다닐 때는 보통 가루다를 타고 다니면서 사람들에게 행운과 부를 나눠주지만, 혼자 다닐 때는 올빼미를 타고 다니며 아무도 몰래 밤에 살짝 가서 부를 나눠주고 동이 트기 전에 급하게 자리를 피한다. 때문에 그녀가 준 황금동전이 영원히 그 자리에 있는 것은 아니다. 왜냐하면 그녀는 부를 얻은 사람이 변해서 게으르거나 오만방자하고 낭비하면서 살면 언제든지 모든 재물을 다시 거두어 가기 때문이다.

돈도 사랑처럼 늘 움직이려는 습성이 있어 관리를 잘해야 한다. 락슈미의 자비는 한곳에 오래 머물지 않기 때문에 돈은 있다가도 없고, 없다가도 있다. 오래 머물지는 않지만 락슈미 여신을 칭송하고 그 말씀대로 살아간다면, 그녀는 즐거운 마음으로 우리에게 언제든지 올 것이다. 락슈미는 겸손한 사람을 가장 좋아한다고 한다. 돈이 있다고, 능력이 뛰어나다고 거들먹거리는 사람은 싫어하고 언제나 소박하고 겸손한 사람을 가장 총애한다는 것이다. 부자가 되는 것은 복권에 당첨되는 일만큼 어렵지만 그 부를 과시하다가 가난뱅이로 추락하는 것은 순식간이다. 부를 지킬 수 있는 것은 겸손과 소박함뿐이다.

 그런데 이 겸손이라는 말은 굉장히 애매하게 느껴질 수 있다. 힌디어로
는 쉬이람(sheelam), 영어로는 'modesty'. 겸손이란 쉽게 말하자면 그동
안 우리가 많이 들어왔던 중용이다. 중용이란 뭐든지 지나치지 않게 행동
하는 것이다. 시쳇말로 오버하지 않는 것. 물질적인 것은 물론 정신적인 허
영이나 허세도 포함된다. 한자로 표현하면 "과(過)"로, 과소비, 과신, 과욕
등이다. 특히 이 중에서 제일 조심해야 할 것이 바로 '과욕'으로, 더 많은
이익을 보려고 욕심을 부리다가 이미 얻은 이익마저 손실로 변하는 것을
경험했을 것이다. 욕심이 지나치면 락슈미 여신은 주었던 재물도 다시 빼
앗아 간다. 그래서 돈은 돌고 돌아서 평등하며, 한 사람이 영원히 가질 수
없다.

 뉴델리 중심가에서 조금 떨어진 만디르 마르그에 위치한 락슈미나라
얀 사원(Laxmi Narayana Temple)은, 비를라그룹의 회장 발데오 다스 비를라
가 1933년 재건하기 시작해 6년 만인 1939년에 완공하였으며, 대중에게
비를라 만디르(Birla Mandir)라는 이름으로도 알려져 있다. 무굴 건축양식
을 대표하는 흰색 대리석과 붉은 사암으로 지어진 것이 특징이다. 평소 비
를라와 친분이 두터웠던 마하트마 간디가 개관 선언을 했는데, "이 사원만
큼은 힌두의 모든 계급, 특히 불가촉천민도 자유로이 입장할 수 있어야 한
다."는 조건하에 개관식에 참석한 것으로 더욱 유명하다. 델리에서 가장

아름다운 사원 중 하나로 손꼽힌다.

　이 사원을 건립한 비를라 그룹은 타타 그룹과 함께 인도 산업을 이끌어 가는 양대 산맥이나 마찬가지로, 인도인들에게는 근대 산업의 역사를 이끌어간 기업으로 각인되어 있다. 전 세계적으로 12만 명을 고용하고 있으며 《포춘》지가 선정한 세계 500대 기업에 속해 있고, 36개국에 걸쳐 사업을 벌이고 있는 대기업이다. 타타가 인도의 자존심을 지키기 위해 교육과 제도에 투자했다면 비를라 그룹은 특이하게도 인도 전역에 45개가 넘는 대형 힌두사원을 건립해 모든 힌두교인들의 존경을 한 몸에 받고 있다. 떠도는 이야기에 의하면, 비를라 그룹 총수의 꿈에 신이 나타나 사원을 계

사원 앞에서 꽃을 파는 상인.

속해서 짓는 한 사업이 망하지 않을 거라 했다고 한다. 그래서 지금도 인도 어디에선가 비를라 그룹의 사원이 지어지고 있다. 그 덕분인지 비를라 그룹은 인도뿐만 아니라 세계에서 여전히 막강한 영향력을 행사 중이다.

비를라 그룹처럼 부자가 되고 싶은가? 그럴 것이다. 하지만 제아무리 엄마 말씀 잘 듣고 아내 말을 잘 들어도 비를라 그룹처럼 엄청난 부자가 될 수는 없다. 하늘이 내린 부자가 되는 데는 단순한 요소만 작용하지 않는다. 노력만 하면 누구나 다 거대 재벌이 될 수 있다고 말하는 사람은 사기꾼이거나 거짓말쟁이다. 우리는 간절히, 모든 것을 걸고 부자가 되고 싶어 한다. "나는 부자가 되는 일에 초연하다"고 말하는 사람은 부자가 되기 위한 길이 너무 험난해서 미리 포기한 사람들인지도 모른다. 그렇지만 작은 부자가 되는 길은 대한민국 어디가나 볼 수 있는 아파트만큼이나 여러 갈래다. '시골 논바닥 한가운데도 널린 게 아파트인데 왜 내 명의로 된 집 한 채도 없을까?' 하는 의문에서부터 시작해 보자. 아파트 등기부등본에 이름 석 자를 등재하고, 가고 싶은 외국도 몇 년에 한 번이라도 다녀올 수 있을 정도의 여유를 갖게 되는 것은 누구나 꿈꾸는 소박한 부자이다. 지금까지 말했던 것처럼 엄마 말씀, 아내 말, 락슈미 여신 말씀 잘 듣고 착하고 겸손하게 살자. 그러면 부자가 되기 위한 1단계의 초석은 다진 것이다. 열심히 노력하면 작은 부자는 누구나 될 수 있다.

그렇다면 작은 부자의 기준은 무엇일까? 정답은 없다. 그 기준을 남에게 맞추지 말자. 자신이 살고 있는 곳에서 집 한 채 가지고 취미생활을 즐기면서 여유롭게 살 수 있다면 그것이 바로 부자의 삶이다. 서울 강남의 저택에 살며 백화점 명품관이나 이용하는 사람들에게 기준을 맞추면 내가 가진 것은 더욱 작고 초라해 보이기만 할 뿐이다.

소박한 부자가 된 후에 더 큰 부자가 되고 싶다면, 그 비결은 이 세상에 수도 없이 나와 있다. 누구는 부동산으로, 누구는 주식으로, 누구는 창업을 해서 부자가 된다. 그러나 1단계 준비가 되어 있지 않으면 부자가 된다 하더라도 끝까지 유지하기 어렵다. 가장 좋은 예가 복권에 당첨되었다가 오히려 패가망신하고 건강까지 망친 사람들이다. 준비되지 않은 자에게 주어지는 돈은 행복으로 가는 지름길이 아니라 불행으로 가는 고속철이나 마찬가지인 것이다. 부자가 되고 싶다면 무너지지 않는 반석부터 마련해 두자. 그러면 언젠가는 락슈미 여신이 방문해 부를 나눠주고 갈 것이다. 큰 부자는 하늘이 내리고 작은 부자는 노력하면 될 수 있다고 하지 않는가.

지금 우리에게는
어떤 아바타가 필요한가?

난세에 영웅이 태어난다고 했던가. 세상이 어지러울 때 우리는 구세주를 떠올린다. 악의 무리가 판을 칠 때, 정의가 사라지고 혼돈이 극에 달했을 때 힌두교에서는 비슈누(Vishnu)가 다양한 모습으로 변해서 세상을 구원해준다는 믿음이 있다. 비슈누는 힌두교 트리무르티(3대 신) 중에서 가장 화려하고 전지전능한 신이다.

비슈누의 모습은 모든 남성들의 로망이 될 만큼 화려하고 눈부시다. 힌두교의 3대 신 중에서 최고의 꽃미남이라는 데 이의를 제기할 사람은 아무도 없다. 호피 한 장 달랑 걸치고 명상에 잠겨 있는 파괴의 신 시바, 네 명의 할아버지 얼굴인 창조주 브라마와는 달리 비단옷에 화려한 보석으로 온몸을 휘감은 것도 모자라, 옆에서는 부자이면서도 아름답기까지 한 아내 락슈미가 발을 주무르고 있다. 그보다 더 행복할 수는 없을 것이다.

화려하게 치장한 비슈누와 락슈미.

그의 외모를 자세히 살펴보면 얼굴은 검푸른 색이고 머리 위에 쓴 황금 관에 알록달록 온갖 보석이 촘촘히 박혀 있다. 그리고 손은 네 개인데, 오른쪽 위의 손에는 이기심을 파괴하고 순수한 마음을 갖게 하는 수다르샨(차크라, 원반), 아래쪽에는 해탈, 혹은 영적인 각성을 뜻하는 파드마(연꽃), 왼쪽 위 손에는 세상을 창조하고 유지하는 힘을 의미하는 샹카(고동), 아래쪽에는 자신의 업을 회피하는 사람에게 내리칠 무시무시한 커모다키(철퇴)를 들고 있다.

또한 그의 몸은 옷을 입었다기보다는 보석을 입었다는 표현이 맞을 정도로 가슴, 팔, 허리 등 모든 곳에 황금을 기본으로 한 보석을 빈틈없이 달고 있다. 보석으로도 모자라 색색의 꽃으로 만든 기다란 화환을 목에 걸었다. 이러한 모양새만 봐도 한눈에 왕의 포스를 풍기고도 남을 법하다. 거기다가 얼굴은 독수리, 몸은 사람인 가루다를 자가용으로 타고 다니며 하늘을 제압하고, 평상시 쉴 때는 우유의 바다 위에 천 개의 머리를 가진 뱀, 세샤가 파라솔처럼 머리를 펼쳐 그의 위엄을 높여주고 있다. 뱀이 틀고 있는 거대한 똬리는 부티 나는 고급 소파처럼 보이는데, 그 위에 비스듬히 누워 어여쁜 아내가 해주는 발 마사지를 받고 있는 비슈누의 모습을 보고, 그 누군들 부러워하지 않겠는가.

이렇듯 세샤 위에 누워 있는 비슈누를 나라얀이라고 한다. 비슈누의 수천 가지가 넘는 이름 중에서 가장 많이 사용되는 이름이 바로 나라얀이다. 물을 의미하는 '나라'와, 안식처를 뜻하는 '야나'를 합쳐서 이른 말이다. 앞서 이야기했던 델리의 '락슈미나라얀' 사원의 나라얀이 바로 비슈누의 또 다른 이름이다. 특이한 것은 부인과 이름이 합쳐지면 언제나 부인 이름이 먼저 온다는 사실이다.

비슈누의 역할은 창조와 파괴 사이의 균형을 맞추며 모든 생명들이 그 이치에 맞게 살아가도록 돌보는 것이다. 한마디로 말하자면 세계 평화이다. 어쩌면 이 시대에 가장 필요한 신인지도 모르겠다. 평상시에는 세상 이곳저곳이 제대로 돌아가고 있는지 살피다가 악의 무리가 창궐하면 그 무리를 평정하기 위해 새로운 모습으로 세상에 나타난다. 그 새로운 모습을 우리는 아바타(Avata)라 부른다. 아바타는 화신(incarnation)의 산스크리트어로 아바타르(Avatar)에서 유래했다. 이 말은 '하강'이라는 뜻으로, 위대한 신성에서 인간 세계로 내려온다는 의미이다. 아바타의 생성 과정은 생명이 진화해온 과정인 계통발생과 유사한 면이 있어 신화의 신비로움을 더해주고 있다.

지금까지 비슈누는 아홉 번 화신으로 변했다. 그 첫 번째는 물고기 마츠야(Matsya)이다. 대홍수에서 인류를 구원하기 위해 거대한 물고기, 마츠야로 변한 비슈누는 인간에게 커다란 배를 만들어 온갖 종류의 동물과 씨앗을 태우라고 한 뒤 그 배를 안전하게 끌고 갔다고 한다. 어디서 많이 들어본 듯한 이야기다. 대홍수, 커다란 배, 세상의 모든 동물과 식물…. 구약성서 창세기에 나오는 '노아의 방주'와 흡사하다. 생명의 진화 역시 마찬가지다. 그 시초는 물에서 시작되었고 물고기가 진화하여 양서류, 파충류, 포유류가 되었다는 설과 비교해 봐도 힌두교의 한 설화에 지나지 않는다고 생각하기에는 그 전개가 너무나 유사하다.

그다음으로 비슈누가 환생한 것은 물고기에서 한 단계 진화한 양서류인 거북 쿠르마(Kurma)이다. 신과 악마가 인류를 위한 생명수를 차지하기 위해 싸움을 벌이는 과정에서 거대한 거북으로 변해 바다에서 지지대로 활약했다. 세 번째로는 드디어 포유류인 멧돼지 바라하(Varaha)로 변해 악마 히란야크샤(Hiranyaksha)를 처단하는 것이다. 네 번째는 사자 얼굴에 인간의 몸을 한 나라심하(Narasimha)이다. 여기에는 이유가 있다. 히란야크시푸는 비슈누가 죽인 히란야크샤와 쌍둥이 형제로 오랜 고행 끝에 브라마로부터 은총을 입는다. 즉 인간, 혹은 동물, 심지어 신마저도 그를 죽일 수 없고, 집 안이나 집 밖에서도 안 되고, 땅이나 하늘에서도 죽일 수 없을 뿐더러 무기를 써서도 안 되었다. 이렇게 까다로운 조건 안에서만 그를 죽일 수 있다는 전제가 있자, 그는 점점 폭력적이 되었고 거만해져 비슈누에게 기도하는 것을 금했고, 그의 이름조차 언급하지 말라고 명령했다. 이러한 악행을 보고 비슈누는 인간도 동물도 아닌, 사자인간으로 변해 집 안도 아니고 밖도 아닌 문지방에서, 무기가 아닌 사자의 발톱으로 땅도 아닌 하늘도 아닌 무릎 위에서 히란야크시푸를 죽였다.

다섯 번째는 난쟁이 바마나(Vamana)이다. 현생 인류와 비교했을 때, 최초의 인류가 난쟁이에 가까웠다는 사실과 부합하는 면이 있다. 여섯 번째는 현자 파라슈라마(Parasrama)로 변해 부모의 원수를 갚는다. 그리고 일곱 번째 화신인 라마(Rama), 여덟 번째 화신인 크리슈나(Krishna)는 비슈누의 아바타 중에서 가장 중요한 역할을 한다. 특이하게도 여기서부터는 더 이상 신화로 취급되는 것이 아니라 기록이 남아 역사적인 사실로 변한다. 지금도 라마의 탄생지인 아요디야에서는 힌두교와 이슬람교 사이에 다툼이 있다. 각자 모시는 신을 위한 사원 건립 때문이다.

라마 왕의 일대기《라마야나(Ramayana)》는 인도 고전 중의 고전으로, 인도를 알고자 하는 사람이라면 이 책과 크리슈나의 이야기인《마하바라타(Mahabharata)》를 기본으로 읽어야 한다. 이 두 책을 읽지 않는다면 인도인의 삶을 아무리 이해하려고 해도 할 수 없을 것이다. 특히 인도를 장기간 여행하고자 하는 사람이라면 여행서와 함께 꼭 가지고 가야 할 필수 준비

물이다. 그래야 길거리에서 벌어지는 수없이 많은 축제와 사원 안의 조각

상이 무엇을 의미하는지 알 수 있다.

그리고 아홉 번째 아바타는 우리가 익히 잘 알고 있는 부처님, 붓다

(Buddha)이다. 지금까지 비슈누의 아바타와 비교해 볼 때 그리 큰 신빙성

은 있어 보이지 않지만 그래도 많은 사람들이 붓다라고 인정하고 있다. 마

지막 열 번째는 아직 오지 않은 칼키(Kalki)이다. 이 칼키를 이해하기 위해

서는 힌두교의 우주관을 살펴보아야 한다.

힌두교에서는 시대를 네 가지로 구분한다. 첫째는 크리타육(Kritayug) 혹

은 사티아육(Satyayug)으로 진실과 정의의 시대이다. 백색으로 상징되는

이 시대는 황금시절로 모든 사람들이 평등하고 슬픔, 오만, 증오도 없어

인간의 수명이 4,000천 년이나 되었다고 한다. 그다음 시대는 트레타육

(Tretayug)이다. 사티아육의 정의가 1/4가량 줄어들었고 상징색은 붉은색

이며 시대를 대변하는 근본 가치는 지식이다. 희생과 제사의식이 시작되

었고 인간들은 욕심을 부리게 되었다. 수명은 3,000년이었다. 세 번째는

드와파르(Dwapar)시대이다. 이 시대는 사티아육의 정의가 절반으로 줄어

들었고 질병, 가난, 재앙 등이 나타났다. 또한 일부일처제가 자리 잡았으며

카스트제도가 생겨났다. 수명은 2,000년이었다.

마지막으로 칼리육(Kaliyug)이다. 이 시기는 사티아육의 정의가 오직

1/4만 남아 있는 시대로, 바로 우리가 살고 있는 지금이다. 인간은 사악해

지고 서로 미워하게 되는데, 개개인의 부정에서 끝나지 않고 전 세계적으

로 악이 번성하고 온갖 종류의 병이 창궐하게 된다. 남자들은 결혼 이외의

델리로 가는 길에 한 사원에서 만난 대형 람과 시타의 모습.

관계에서 만족을 찾고자 하며 여자들도 마찬가지이다. 이러한 시대는 검정으로 표시된다. 말 그대로 암흑시대인 것이다.

하얀 말을 타고 오는 마지막 비슈누의 화신은 악을 정벌하고 선한 영혼을 가진 사람들을 구원한다고 한다. 그렇다면 마지막 화신 칼키가 나타나면 지구의 종말이 오는 것일까. 역사적으로 수없이 많은 종말론이 사람들을 미혹에 빠지게 했지만 힌두교에서는 다행히 그런 끔찍한 재앙과 종말론은 없다. 칼리육의 시대가 가고 나면 다시 사티아육의 시대로 돌아가 새로운 시대가 펼쳐지는 것뿐이다. 인간의 생명이 윤회한다고 보는 것과 일맥상통한다.

힌두교의 우주관은 현재까지 인간이 과학으로 밝혀낸 우주와 비슷하고 구석기, 신석기, 청동기, 철기시대로 나누는 역사 구분법과도 유사하다. 또한 지구가 거친 빙하기만 봐도 알 수 있다. 수많은 빙하기를 지났지만 그렇다고 해서 지구가 멸망한 것은 아니었다. 오히려 빙하기가 끝나면 새로운 생물군이 나타나 지구는 생명이 풍성해지면서 새롭게 시작되었다. 현재 인류는 온실 효과가 극대화되고 있어 세계 각국이 이 현상을 지연시키고자 노력하지만 이 또한 자연의 한 현상일 뿐인 것이다. 우주 역시 시작도 없고 끝도 없다고 보기 때문에 세상은 그저 돌고 돌 뿐이다. 물이 공기가 되고, 구름이 되고, 비가 되고, 바다가 되었다가 다시 공기가 되는 것과 같은 이치다.

위기 속에서 살아남는 비법은 바로 변신이다. 세상을 바꾸기보다는 나를 먼저 바꾸고 세상을 변화시키는 것이 훨씬 쉬운 방법이다. 우리의 모습은 한 가지가 아니다. 몸은 하나지만 상황에 맞게 변화한다. 나는 오직 나 하나인가? 아니다. 나는 자식이고, 부모이고, 친구이고, 사진가이고, 아내이다. 그 사소한 변화를 우리가 스스로 인식하지 못하고 있을 뿐이다. 세상이 험난하면 할수록 우리는 스스로를 새로운 아바타로 바꾸어야 한다. 비슈누처럼 이 세상의 정의를 바로 세우는 거창한 아바타로 변신할 수는 없지만 내 안의 모순을 극복하고 나를 올바르게 이끌어 줄 아바타는 언제나 필요하다.

크리슈나,
백만 대군인가 한 명의 위대한 책사인가?

인도 최고의 대서사시 《마하바라타》에 나오는 이야기다.

국왕이 될 아버지가 장님이라는 이유로 작은아버지가 왕위를 물려받자, 작은아버지 사후에 자신이 다시 왕위를 물려받아야 옳다고 생각했던 카우라바(Kauravas) 가(家)의 장남 두료다나(Duryodhana)에게 복병이 나타났다. 현 국왕의 장남인 유디슈티라(Yudhisthira)가 워낙 인품이 너그럽고 인물이 출중하여 모든 백성들에게 신임을 받고 있어 자신이 왕이 될 가능성이 점차 희박해지고 있었던 것이다. 이 때문에 고민하던 두료다나는 온갖 수단과 방법을 가리지 않고 작은아버지 자식들을 괴롭히고 결국은 왕국에서 추방해 버린다.

추방된 유디슈티라는 거짓을 모르고 덕이 높아 백성들의 칭송이 자자했기에 13년의 숲속 유배생활까지 모든 불이익을 달게 받고 평화롭게 왕국을 나눠 통치하려고 했으나, 욕심 많은 큰집의 장남 두료다나는 바늘귀만큼의 땅도 줄 수 없다며 모든 제안을 거부하고 전쟁을 선포한다. 일단 전쟁이 일어나면 서로에게 상처뿐인 영광이 될 것이라는 것을 알면서도 이미 정해진 운명은 어쩔 수 없이 초대형 비극을 향해 달려가고 있을 뿐이었다.

중요한 선택이 그 두 집안에 가로 놓여 있었다. 그 둘은 거의 동시에 크리슈나를 찾아가서 서로 자기편이 되어달라고 부탁을 하는데, 크리슈나는 한 가지 제안을 한다. 무기를 들고 싸우지는 않지만 전쟁터에서 함께할 자신과 잘 훈련된 백만 대군 중에서 선택하라는 것!

여러분이라면 어떤 선택을 하겠는가? 백만 대군과 단 한 명. 한 가지 고려해야 할 사항은 크리슈나는 그저 보통 인간이 아니라 비슈누의 화신으로 지혜롭고 탁월한 능력의 소유자라는 점이다. 그러나 그는 신통력을 발휘할 수 있는 무기는 절대로 사용하지 않겠다고 한다. 아르주나(Arjuna)는 일말의 주저도 없이 단번에 크리슈나를 선택한다. 악의 입장인 두료다나는 아르주나를 비웃으며 백만 대군을 선택한다. 이것으로만 봐도 이미 전쟁은 아르주나가 이기게 되어 있다. 크리슈나는 이 지구상에 악을 물리치러 온 신인데 어찌 패배할 수 있다는 말인가? 그러나 크리슈나가 위대한 존재라는 심증은 있지만 물증이 없는 상태에서 두료다나는 눈앞에 보이는 백만 대군을 선택할 수밖에 없었다. 그의 선택은 훗날 전쟁에서 패배하는 결정적인 요인으로 작용했다.

아르주나는 크리슈나에 대해 절대적인 믿음을 가지고 있었기에 설사 그가 무기를 사용하지 못한다 하더라도 자신의 부족한 부분을 채워 줄 수 있

좌측에 있는 어린이를 보면 거대한 크리슈나와 라다 신상의 크기를 짐작할 수 있다.

을 것이라고 확신했다. 사람들은 흔히 "줄 선다"는 말을 한다. 큰물에서 놀아야 큰 사람이 된다고도 말한다. 친구 따라 강남 가기도 한다. 결국 주변 사람들에 따라 운명이 바뀌기도 한다는 뜻이다. 인사는 회사 인사과에서만 하는 것이 아니다. 평범한 우리들도 끊임없이 주변 사람들을 선택한다. 이럴 때 누구와 함께해야 성공할 것인가. 아르주나는 자신보다 훨씬 탁월한 사람을 선택해서 그의 능력을 존경하고 존중하면서 전쟁터에 나가 최선을 다한다. 능력이 출중한 사람은 경계대상 1호일지 모르지만, 진정 위대한 인물은 그 사람을 자기편으로 만들어 더 많은 업적을 달성한다. 오직 교만한 자만이 능력 있는 사람을 인정하지 않는다.

크리슈나는 지금 당장 보면 그저 능력이 좀 탁월한 한 명의 왕이지만, 전쟁이 시작되는 그 순간부터 그의 역할은 두드러진다. 아르주나는 전쟁 그 자체에 회의를 품고 전의를 상실했다. 정권을 위해서 존경하는 스승, 함께 자란 사촌, 자애로운 할아버지와 적이 되어 싸우느니 거지가 되는 게 낫겠다는 생각을 하게 된다. 아르주나가 싸워야 할 적은 외부의 적이 아니라 바로 자기 자신이었던 것이다. 이때 크리슈나는 전쟁의 당위성에 대해 설명한다. 그 장면만 따로 떼어낸 부분이 〈바그와드기타〉인데, 마치 인생의 지침서처럼 인도에서는 널리 읽힌다.

그 부분의 핵심은 바로 아르주나의 타고난 운명, 다르마가 있기 때문에 그 운명에 따라야 한다는 것이다. 그의 운명이란 전쟁터에서 싸워서 승리해야 하는 크샤트리아(Kshatriya)이다. 전쟁을 피하는 것은 의무를 다하지 않는 것으로, 전쟁에서 사람을 죽인 크샤트리아는 천국을 갈 수 있지만 도

망가는 자는 오히려 지옥으로 가게 된다.

이 시기에 인도에서 전쟁은 거의 스포츠 같은 개념이었다. 전쟁의 규칙으로 대표적인 것은 해가 지면 그날 하루 전쟁이 끝난다거나, 허리 아래로는 공격하지 않는다, 뒤에서 비겁하게 공격하지 않는다, 기도나 명상하는 사람은 공격하지 않는다 등이 있었다. 그러나 모든 규칙이 지켜지기만 하는 것은 아니다. 아르주나 입장에서 규칙을 어겨야 할 때 크리슈나는 논리 정연하게 상대방이 과거에 했던 불법을 근거로 지금 아르주나의 원칙 파기가 정당하다는 논리적 타당성까지 보장해 주었다. 심지어는 법을 어기지 않는 한도 내에서 상대방의 약점을 잡아 승리로 이끈다. 크리슈나는 아르주나의 전차사인 동시에 정신적인 멘토이고, 전략을 짜는 책사 역할까지 1인 3역을 해내며 아르주나 측의 승리를 이끌어내는 가장 중추적인 역할을 했다.

예를 들어 이 싸움에서 가장 큰 어른이자 강가(Ganga) 여신의 아들로서 영웅의 면모를 갖추고 있는 비슈마의 약점은 여인과는 싸우지 않는 것이었다. 이 점을 간파한 크리슈나는 비록 여인으로 태어났지만 전생에 당한 억울함을 복수하기 위해 남자처럼 행동하던 시칸딘에게 비슈마를 죽이게 한다. 결국 강가 여신의 아들 비슈마는 시칸딘과의 싸움을 포기한 채 죽음을 맞이한다.

뿐만이 아니다. 싸움의 고비가 있을 때마다 크리슈나는 상황판단을 정확하게 내린 다음 명쾌한 전략을 짜주기도 하고 심지어는 속임수까지 알려준다. 두료다나 측의 총사령관으로 가장 강력한 파워를 가지고 있던 무

동네 사원이지만 제법 화려한 복장을 한 크리슈나와 라다.

예의 스승 드로나가 너무 강해 정상적인 방법으로는 도저히 물리칠 수 없다고 아르주나 측이 좌절해 사기가 땅에 떨어졌다. 이때 크리슈나는 드로나가 아들이 죽었다는 소식을 들으면 전의를 상실해 금방 나약해질 거라는 사실을 간파하고 거짓으로 드로나의 아들이 죽었다는 소문을 퍼트린다. 그는 고귀한 신의 아바타이지만 인간세상으로 와서 악을 물리치기 위해 정당하지 못한 방법까지 동원하면서 선이 승리하도록 돕는다.

여기서 근본적인 의문이 든다. 선을 위해서 속임수를 써도 옳다는 것인

가. 결과가 좋으면 과정이 나쁘다 하더라도 괜찮다는 이야기인가. 그때 크리슈나는 강변한다. 상대방이 먼저 속임수를 썼기 때문에 규칙은 이미 사라졌다는 것이다. 상대방이 속임수를 쓰도록 유도한 것이나 마찬가지이다. 그래서인지 인도인들은 크리슈나에게 열광한다. 그가 말하는 삶의 지침은 그저 말장난에 그치거나 원론적인 교훈에 있는 것이 아니라 무자비한 정글의 법칙이 난무하는 삶의 현실에 적용될 만한 조언이다.

특히 마지막, 이 전쟁의 단초를 제공한 두료다나의 죽음은 크리슈나가 한 참모 역할 중에서 백미에 가깝다.

11만 대군과 동생들 99명, 자식들까지 모두 잃고 기진맥진해 있는 두료다나와 아르주나 형제는 마지막 일전을 벌인다. 그때 나선 장군이 바로 셋째 비마였다. 둘의 실력이 워낙 탁월해서 언제 싸움이 끝날지 전혀 예측할 수 없는 접전이 이어지자 크리슈나가 소리쳤다. 비마는 13년 전 그의 아내 드라우파디가 두료다나 형제에게 모욕을 당했을 때, 언젠가는 그의 두 다리를 부러뜨리겠다는 맹세를 했다고 말이다. 이 말을 들은 비마는 하체를 공격하면 반칙이라는 전쟁규칙을 어긴 채 갑자기 두료다나의 다리를 공격해서 부러뜨리고 만다. 크리슈나는 앞뒤전후 상황을 너무나 잘 파악하고 있었기 때문에 그 시기에 맞는 적절한 비법을 알고 조언했던 것이다.

하체를 공격받은 두료다나가 비열한 공격이라고 비난하자 크리슈나는 상대방 측에서 먼저 전쟁규칙을 어기고 아르주나의 아들 아비만유를 죽인 사실을 상기시킨다. 이 모든 전쟁의 시초는 두료다나 자신이 시작한 것인데 누구를 원망하고 누구를 탓하느냐고 엄하게 꾸짖는다. 인간의 심리를 너무나 상세하게 표현해 주고 있다. 내가 상대방을 괴롭히고도 상대방이 나에게 복수를 하면, 내가 한 나쁜 일은 까마득하게 잊어버리고 마는 현실. 악이 악을 부르는 사실적인 모습이 그대로 반영된 것이다. 크리슈나는 신의 입장에서 고상한 원리원칙에 연연하지 않고 속세의 기준으로 모든 것을 판단한다. 그가 응징하고자 했던 것은 악을 최초로 행했던 인간이다. 그에게 벌을 주기 위해서는 악을 선으로 감싸야 한다는 이상적인 논리가 아니라 그가 저지른 비열한 방법을 동원해서라도 막아야 한다는 생각이었다.

결국 아르주나의 선택은 옳았다. 고만고만한 백만 명의 대군보다는 탁월한 능력의 소유자 크리슈나를 자기편으로 만든 그의 혜안이 전쟁을 승리로 이끌었다. 전쟁의 고비마다 크리슈나의 빛나는 책략이 없었다면 승리는 두료다나 쪽으로 갔을 것이다.

지금 이 순간에도 우리는 늘 선택의 기로에 서 있다. 누구와 점심을 먹을 것인가, 누구를 나의 오른팔로 삼을 것인가, 어느 줄을 잡고 운명을 같이할 것인가 등. 명심하라, 그 사소한 선택이 운명을 좌우한다는 것을. 그리고 그 모든 선택에 대한 책임은 나에게 있다는 것을.

바람의 아들, 하누만

수많은 바람의 아들과 딸이 있지만 그중 적자는 바로 하누만(Hanuman)이다. 바람의 신 바이유(Vayu)의 아들이기 때문이다. '바람'이란 무엇인가. 바람은 보이지 않는다. 바람이 없다면 세상은 어떻게 될지 쉽게 상상이 가지 않는다. 태양이 없다면 어둠이 오고, 물이 없다면 사막이 되는 이치는 금방 이해가 되는데 바람이 없다면? 그저 고요하고 평화로울 듯하다. 하지만 바람은 제5원소 중에서 공기에 해당한다. 공기가 없다고 상상해 보면 바람의 위력을 깨닫게 될 것이다.

힌두교에서는 지구상의 모든 생물이 다섯 가지 원소로 이루어졌다고 본다. 땅(earth), 물(water), 불(fire), 바람(air or wind), 하늘(aether)이다. 그 어느 것 하나 중요하지 않은 것이 없지만 공기가 없다면 인간은 생존이 불가능하다. 또한 바람은 소통이다. 바람으로 인한 순환이 이루어지지 않으면 살

락시만 람과 시타를 모시는 하누만이 좌측에 자리하고 있다.

아 있는 모든 생물들이 썩어버릴 것이다. 이처럼 중요한 바람을 다스리는
신 바이유의 아들이 바로 하누만이다.

　그는 무력으로는 제압할 자가 없을 만큼 강력한 힘의 소유자였고, 바람
의 아들답게 빠른 속도로 하늘을 날 수도 있으며, 산을 움직일 수도 있고,
몸을 자유자재로 바꿀 수 있는 둔갑술이 있어 생쥐처럼 작아지기도 했다
가 산처럼 커지기도 한다. 힘 좋고 재주 많은 원숭이의 특성까지 갖추고 있
었으니 어렸을 때 그 누구보다도 많은 말썽을 일으켰다.

　특히 먹어도 먹어도 배가 고픈 왕성한 식욕을 타고난 하누만은, 어느 날
하늘에 떠 있는 태양이 망고인줄 알고 삼켰다고 한다. 갑자기 태양이 사라

지자 해와 달을 삼켜 일식이나 월식을 만드는 신, 라후는 몹시 당황하여 원인이 무엇인지 찾아 나섰다가 어린 하누만을 만나게 된다. 하누만은 라후마저 잘 익은 과일로 착각해 한입에 먹으려고 달려들었고 깜짝 놀란 라후는 뒤도 돌아보지 않고 줄행랑쳤다. 세상의 질서가 무너진 것을 본 신들의 왕 인드라는 잘못을 바로잡기 위해 코끼리를 타고 어린 하누만을 만나러 갔는데, 코끼리마저 먹을 것인 줄 알고 집어삼키려 하자 인드라는 번개를 높이 들어 하누만을 내리쳤다. 강력한 번개를 맞은 하누만은 곧장 땅에 떨어져 턱이 부러지는 부상을 입었다. 이 소식을 들은 바이유는 자신의 귀한 아들을 다치게 한 인드라에게 단단히 화가 나서 시위라도 하듯 '바람의 신' 역할을 하지 않기로 결심했다. 신들도 파업이라는 것을 했던 모양이다. 자식이 맞고 들어오면 흥분하고 복수하려는 부모의 비이성적인 자식사랑은 신에게도 예외가 아닌지 바이유가 세상일에는 관심을 버린 채 아들 보살피기에 여념이 없자, 우주 삼라만상이 어둠에 휩싸이고 식물은 시들었으며, 구름은 멈추고, 인간과 동물은 숨을 쉴 수 없게 되는 등 모든 생명들이 위기에 처했다.

바이유의 파업에 놀란 인드라는 창조주 브라마를 찾아가 대책을 논의했고 그를 달래기 위해 하누만에게 특별한 은혜를 베풀기로 했다. 천둥이나 번개를 맞아도 끄떡없고, 불이 나도 그 털이 타지 않도록 해주었다. 그전보다 강한 힘을 갖게 된 하누만은 또다시 장난을 일삼아 결국 위대한 인물이 나타날 때까지 잠을 자야 하는 운명에 처하게 된다. 잠자는 사자, 아니 원숭이를 깨운 사람은 바로《라마야나》에 나오는 '스리 라마(Shree Ramar)'

왕이다. 스리 라마와 만나면서 하누만은 오랜 잠에서 깨어나 활동을 하기 시작했다. 아무리 능력이 있어도 그것을 알아봐 주고 그 능력을 정의로운 일에 사용할 줄 아는 주군이 없다면, 능력을 발휘할 수도 없을 뿐더러 오히려 악행을 일삼아 인류에 해를 끼친다. 남자는 자신을 알아보는 사람을 위해 목숨도 바칠 수 있다고 했던가. 하누만이 바로 그런 인물이다.

하누만 같은 부하가 있는가? 하누만 같은 부하가 있다면 그 어떤 난관도 이겨낼 수 있을 것이다. 왜냐하면 하누만은 스리 라마에게 절대복종하고, 담대한 용기와 그 어떤 대가도 바라지 않는 이타적인 마음으로 헌신하기 때문이다. 그의 삶 전체가 오로지 주군 스리 라마를 위한 것이었다. 하누만은 스리 라마와 시타 옆에서 무릎을 꿇고 충성을 다하는 모습으로 나오지만 하누만 혼자 모셔진 사원에서는 늘 진홍색(vermilion)으로 온몸이 덮여 있다. 이와 관련된 일화가 있다.

어느 날 아침 하누만이 라마왕의 부인인 시타에게 갔을 때 그녀의 이마에 진홍색 점이 찍혀 있는 것을 보았다.

"어머니 이마에 있는 붉은색은 무엇입니까."

하누만의 물음에 시타가 미소를 지으며 말했다.

"아들아, 이건 그냥 붉은색이 아니라 진홍색이지. 결혼한 여인라는 것을 의미하고 행복한 결혼 생활을 기원하는 상서로운 표시란다. 남편이 오래 살기를 바라는 여인이라면 평생 동안 점을 찍고 살아야지."

이야기를 들은 하누만은 점 하나 찍어서 주군이 오래 살 수 있다면, 온몸에 진홍색을 바르면 그가 영생을 얻지 않을까 하는 생각을 했다. '그래, 바

거대한 하누만 신상이 높은 곳에서 인간세상을 내려다 보고 있다.

심라 자쿠(Jakhu)의 하누만 사원 입구.

로 그거야!'라고 생각한 하누만은 바로 실행으로 옮겨 온몸에 진홍색 물감을 바르고 라마의 궁전으로 갔다. 다른 사람들은 모두 비웃었지만 하누만의 충정을 잘 아는 라마는 웃으면서 말했다.

"진홍가루와 기름을 하누만에게 바치는 사람이라면 그 누구건 간에 내게도 소중한 사람이다. 나는 그러한 모든 사람들에게 소원성취의 축복을 내리겠다."

이처럼 라마를 위한 그의 충성심에 관한 일화는 수없이 많다. 그의 충정이 드러나는 이야기 중에서 가장 극단적인 것은 하누만 상 가슴에 있는 라마의 모습이다. 랑카에서 악마 라와나를 물리치고 왕국에 돌아온 스리 라마의 즉위식이 열리고 있었다. 하누만의 공적을 치하하면서 행복에 잠긴 여왕 시타는 하누만에게 기다란 진주 목걸이를 선물했다. 그러나 놀랍게도 하누만은 그것을 목에 거는 대신에 진주알을 하나씩 깨면서 그의 영원한 신 스리 라마를 찾고 있다고 말했다. 그러자 옆에 있던 락슈마나가 빈정대는 투로 물었다. "그렇다면 자네는 가슴속에 라마 신이라도 모셔 두었나?" 그 말을 들은 하누만은 곧바로 손톱으로 자신의 가슴을 찢어 보여주었다. 그 안에는 라마와 시타의 형상이 들어 있었다. 하누만을 표현하는 조각상이나 그림에는 이 같은 전설을 보여주듯 가슴에 라마와 시타의 모습이 있다.

하누만은 자신의 가슴속에 주군인 스리 라마와 시타 이외에 아무도 없다는 사실을 만인에게 보여주기 위해 자신의 생살을 찢는다. 이처럼 무모하고 충직한 부하는 세상에 없을 것이다. 그는 또한 다른 여성들과의 스캔들이 전무한 금욕주의자로 유명하다. 힌두교의 신 대부분이 가정을 꾸리고 2세를 보았지만 하누만에게는 철저히 이성에 대한 욕망이 배제되어 있다. 아름다운 왕비 시타와 단둘이 있어도 아무런 오해를 받지 않은 이유이기도 하다. 하누만은 마치 온몸과 마음을 라마를 위해서만 사용하라고 입력된 로봇처럼 살았다.

그렇다면 여기서 왜 나는 하누만 같은 부하가 없을까 하는 생각이 들 것이다. 답은 나에게 있는 것이 아니라 '스리 라마'에게 있다. 나는 절대로 라마처럼 완벽한 인격의 왕이 아니기 때문이다. 하누만 같은 부하를 두기 위해서는 먼저 내가 라마 같은 인물이 되어야 한다. 라마에 대해서는 다시 언급을 해야겠지만 그는 완벽한 인간이자 왕으로 묘사된다. 인간의 모든 도덕적 규범을 지키는 정의로운 인물이다. 천상의 신들마저 그에게 경배할 정도로 그는 이상적인 왕이었다. 좀 더 자세히 알고 싶은 사람은《라마야나》를 읽어보라.

라마가 아무리 위대해도 인간인지라 이 세상 모든 사람들처럼 피할 수 없는 운명이 있다. 바로 죽음이다. 라마에게도 그 시간이 다가와 죽음의 신 야마가 그의 성으로 들어가려 했으나 문 앞을 지키는 거대한 하누만 때문에 근접조차 할 수 없었다. 라마를 너무나 사랑하고 존경한 나머지 하누만은 그의 죽음조차 받아들일 수 없었던 것이다. 자연의 섭리까지 거부한 그의 절대적인 주군에 대한 사랑 때문에 고민하던 라마는 하누만의 주의를 분산시키기 위해 마룻바닥의 틈에 자신의 반지를 떨어뜨리고 하누만에게 찾아오라고 명령했다. 하누만은 그 반지를 찾아 지하 깊은 곳까지 갔지만 거기에는 라마의 수많은 반지가 있어 찾을 수 없었다. 하누만이 반지를 찾아 헤매는 동안 야마는 임무를 완수할 수 있었다.

하누만은 산캇-모찬이라고도 불린다. 모든 문제를 해결하는 사람이라는 뜻이다. 힌두교를 믿는 지역이라면 어디서나 가네슈와 하누만 상을 볼 수 있다. 그만큼 제일 사랑 받고 있는 이유는 우리 인생이 고난의 연속이기 때문이다. 라마에게 닥친 시련을 하누만이 해결해 주었듯이 사람들은 그에게 기도하면 복잡한 문제가 풀릴 거라는 희망을 갖고 사원에 간다. 하누만에게 기도하는 날은 화요일과 토요일이다. 그날 하누만이 모셔진 사원에 가면 유독 사람이 많은 것을 볼 수 있다. 인생은 크고 작은 골치 아픈 문제의 연속이다. 그럴 때마다 하누만이 바람처럼 나타나 우리의 고민을 해결해 준다면 얼마나 좋을까.

이 지구상에는 자칭, 타칭 바람의 아들과 딸들이 많다. 그들의 공통점은 바람처럼 자유롭게 사는 것이 아니라 시도 때도 없이 혹독하게 몰아치는 바람의 고난을 극복한 사람들이라는 것이다. 결국 바람은 자유인 동시에 고난의 십자가이다. 하누만이 탁월한 능력으로 이 세상을 자유롭게 오가지만 그 자유는 결국 그 누구도 해결할 수 없는 난제를 해결하기 위해 부여받은 것이지 제멋대로 남용하라는 뜻은 아니었다. 바람의 아들 하누만처럼 타고난 능력의 소유자들이 세상을 위해 헌신할 때 이 지구의 평화는 지켜질 것이다.

유디스티라를 따라
천국으로 간 개

오랫동안 평화롭게 나라를 통치하던 유디스티라(Yudhisthira)는 마침내 왕위에서 물러나 아내와 형제들과 함께 히말라야 깊은 곳으로 향했다. 신들이 살고 있는 메루산까지 가는 길에 그와 동행했던 모든 이들이 쓰러져 생사를 달리하고 우연히 거리에서 만난 개 한 마리가 그의 옆을 지켰다. 모든 고난을 극복하고 마침내 산 정상에 올랐을 때 하늘이 진동하는 듯 큰소리가 들려왔다. 그리고 신들의 왕 인드라가 화려한 금빛 마차를 타고 나타나 이렇게 말했다.

"내 마차에 오르시오. 그대를 천국으로 데려다 주겠소."

"천국이요? 전 그럴 마음이 없사옵니다. 사랑하는 아내와 동생들을 이 산에 남겨두고 어찌 저 혼자 천국으로 간단 말입니까?"

"그건 걱정 마시오. 곧 다시 천국에서 모두 만날 테니까."

"이 개는 어찌합니까. 저를 의지해 산 밑에서부터 함께한 짐승입니다. 절대로 버릴 수가 없습니다. 이 개와 함께 갈 수 있다면 당장이라도 마차에 오르겠습니다."

"허허, 천국에는 개까지 들어갈 자리가 없다오. 여기서 저 개를 버린다고 한들 죄를 짓는 일도 아니고 누가 뭐라 할 사람도 없을 테니 조금도 염려하지 마시오."

"그렇다 하더라도 저 자신과의 맹세를 어길 수는 없사옵니다. 두려움에 떠는 자, 쉴 곳을 구하는 자, 헌신적인 기도를 하는 자, 귀한 생명을 구하는 자는 그 어느 누구도 버리지 않을 것입니다. 이 개를 두고 저 혼자 천국으로 들어갈 수는 없습니다."

인드라의 권유에도 유디스티라가 뜻을 굽히지 않자 갑자기 개는 죽음의 신 야마로 변했다. 이것은 그의 진정한 도덕성을 시험하기 위한 하나의 관문이었던 것이다.

이 이야기는 인도인이 가장 사랑하는 책, 《마하바라타》의 마지막에 나온다. 인도인의 삶에서 개가 얼만큼 중요한 존재인지, 또 어떤 대접을 받고 있는지 알 수 있다.

힌두교 신화에 관련해서 더 살펴보면 개를 타고 다니는 '배라와' 혹은 '배로'라는 신이 있다. 배라와라는 말은 무시무시하다는 뜻이다. 창조주 브라마의 목을 벨 정도니, 무시무시하다는 말로는 모자랄 것도 같다. 이와 관련된 이야기 역시 다양하나 한 가지만 이야기해 보면 여인의 미모와 관

강렬한 검은색의 배라와 신상(위). 시바 신을 모신 사원 앞에서 나른한 오후의 여유를 즐기고 있는 개(아래).

련된 것이 있다. 예나 지금이나 아름다운 여인에게는 스캔들이 따르기 마련인가 보다. 창조주 브라마는 지식의 여신 사라스바티(Saraswati)를 만들었다. 만들고 보니 그녀의 얼굴이 너무나 아름다워 도저히 눈을 뗄 수가 없었다. 그녀가 가는 곳마다 따라다니며 바라보느라 얼굴이 네 개가 되었고, 그의 시선을 피해 마지막으로 그녀가 하늘로 올라가자 동서남북으로도 모자라서 얼굴 하나를 더 만들어 위를 보게 되었다.

이를 지켜보던 파괴의 신 시바는 브라마의 음험한 시선을 참을 수가 없었다. 브라마가 사라스바티를 창조했다는 것은 그녀가 자식이나 다름없다는 것인데 천륜을 무시하고 그 자식한테 흑심을 품고 있는 브라마의 부도덕성에 화가 난 시바는 평상시 고고하게 명상에 잠겨 있던 모습에서 무서운 모습인 배로 신으로 변해 브라마의 다섯 번째 머리를 뎅강 자르고 말았다. 어디 감히 창조주의 머리를…. 아무리 의도가 좋았다 하더라도 브라마의 목을 벤 것은 큰 죄를 지은 것과 마찬가지였다. 그 죄를 씻을 때까지는 그 머리를 가지고 세상 이곳저곳을 방황해야만 하는 벌을 받게 되었다. 시바 신의 아바타로 알려진 배로는 개를 데리고 다니거나 이동 수단인 와하나로 개를 타고 다니는 모습이다. 특히 라자스탄과 네팔에서 주로 모시며 수의사의 신으로 알려져 있다.

배로 신이 개를 타고 세상을 떠돌았듯이 산야시(Sanyasi) 역시 떠돌았다. 모든 물질적인 욕망에서 벗어나 세속적인 삶을 버리고 오직 해탈을 구하기 위해 방랑하는 산야시에게도 개를 데리고 다니는 것은 허용되었다. 개는 고행 길에 동행할 수 있는 유일한 친구나 마찬가지다. 산야시는 아마 우리나라 인도 여행객들의 사진 속에 제일 많이 등장하는 인물일 것이다. 오렌지색 옷을 입고 머리는 산발하거나 덥수룩하며, 요가 수행을 많이 한 산야시라면 우리가 전혀 흉내 낼 수 없는 요가 자세를 취하기도 한다.

《라마야나》를 보면 개고기를 먹는 것이 엄격하게 금지되어 있을 뿐만 아니라 최상위 계급인 브라만도 어길 시 처벌받는다고 되어 있다. 심지어는 자신이 속한 계급에서 쫓겨나기까지 한다. 기원전 2000년경에 쓰여진 고대 인도의 브라만 경전인 《리그베다》에서는 개를 집안에 살고 있는 신으로 섬기며 수호자라 칭송하기도 했다.

마디야 프라데시(Madhya Pradesh) 주의 비마베트카(Bimabetka)에는 기원전 7000년경의 그림에 개를 형상화한 것이 있고 그중에 한 마리는 목줄을 한 채 사람과 있는 것도 있었다. 그토록 오랫동안 개는 인간과 함께 살아왔다. 개가 지닌 최고의 덕목은 바로 충성심이다. 죽음의 신 야마가 살고 있는 얌록의 수문장도 바로 '개'인데, 그 어떤 뇌물도 통하지 않는 정직함과 주인을 향한 복종심이 있었기에 지옥문을 지키는 역할을 맡게 된 것이다.

힌두교, 불교, 자이나교의 모든 기본 사상은 '불살생(不殺生: ahimsa)'이다. 그래서인지 인도에는 도시에도 온갖 종류의 동물들이 활개치고 다닌다. 인도에서 살다가 서울에 돌아와서 딸아이가 물어본 것 중의 하나가 "서울에는 왜 새가 없냐"는 것이었다. 구루가온에는 비둘기는 기본이고 여러 종류의 새들이 낮이고 밤이고 노래하며 곳곳에서 나타나 우리를 즐겁게 해주고는 했다. 동물원에나 가야 구경할 만한 공작새도 아파트 앞 공터에 놀러 와 멋진 날개를 펼쳐 보인 적도 있었으니 가히 도시 전체가 동물원이

라 해도 틀린 말은 아닐 것이다.

특히 아파트 베란다에 다양한 새들이 와서 놀다 가고는 했는데, 새들이 에어컨 실외기 뒤에 집을 짓고 살아서 불편할 정도였다. 저녁이면 아파트 옥상 위로 까마귀 떼가 무리지어 날아오르고, 아침이면 높은 층 베란다에 옹기종기 모여 앉아 해가 뜨기를 기다리며 날개를 말린다. 만일 우리나라에서 수십 마리의 새떼가 아파트 옥상 위를 터전 삼아 살아간다면 새를 퇴치해 달라는 민원이 쇄도했을 것이다. 개도 마찬가지다. 동네 언저리에 주인 없는 개들이 돌아다니지만 한 번도 개들을 학대하거나 내쫓는 모습을 본 적이 없다. 아파트 안에서 개를 키우는 집들도 상당히 많이 있는데 우리와 다른 점은 대부분 큰 개를 키운다는 것이다. 인도 역사상 사냥과 전쟁을 위해 개를 길렀던 전통 때문에 큰 개를 키우는 듯하다.

동물과 식물에도 신성이 깃들어 있다고 믿는 힌두교 사상 덕분에 많은 동물들이 자유롭게 돌아다니는 것은 아닐까? 나무 역시 마찬가지다. 길가로 툭 튀어나와 교통 흐름에 방해가 되어도 나무를 베지 않는다. 눈에 잘 보이지도 않는 작디작은 개미에게도 쌀가루를 먹이로 준다. 나에게 해가 되지 않으면 동물을 해칠 이유가 전혀 없는 것이다. 설사 위협이 된다 하더라도 피할 수 있으면 피해서 제 세상 저 스스로 살게 내버려 둘 필요가 있다. 생명이란 그런 것이다. 유디스티라가 천국까지 데려가려던 개는 그와 평생을 같이한 충견이 아니었다. 산에 오르기 전 거리에서 만난 이름도 모르는 한 마리 개에 지나지 않았지만 그는 끝까지 그 생명을 버리지 않았다. 그래서 그가 위대한 인간으로 칭송받으며 신격화된 것이다.

사랑의 신 카마

힌두신화 속에도 큐피드 같은 사랑의 신이 있다. 활을 쏴서 사랑에 빠지게 하는 것까지 꼭 닮아 있다. 다른 점을 찾아보자면, 카마(Kama)가 훨씬 더 낭만적이라는 사실이다. 그는 달콤한 사탕수수로 만든 활에 꽃이 달린 화살을 사용하고, 화려한 앵무새를 타고 다니며 사랑의 메신저 역할을 한다. 특이한 것은 사랑의 화살을 쏘기 전에 분위기 조성부터 한다는 것이다. 그의 가장 친한 친구 바산트(Basant)는 바로 봄의 신인데, 일을 시작하기 전 친구에게 부탁해 주변을 온통 꽃밭으로 만들고 부드러운 산들바람이 불도록 해서 사랑의 분위기가 잡히게 한다. 지금 식으로 말하면 화려한 이벤트를 먼저 열어서 기선을 제압한 뒤에 화살을 날리는 것이다. 아무런 대책도 없이 그저 활만 쏘는 것보다는 훨씬 더 계획적이고 낭만적이니 그 누군들 사랑에 빠지지 않겠는가.

시바의 근엄한 표정이 명상에 잠긴 듯하다.

그렇다고 카마가 늘 행복한 전령사 역할만 하는 것은 아니다. 목숨을 걸고 사랑을 전해야 하는 경우도 있다. 도대체 사랑이 무엇이기에 우리는 늘 사랑을 갈구하는가. 정답이 없는 이 물음에 대한 답을 찾고자 한다면 파괴의 신, 시바와 그의 아내 시타(Sita)의 이야기를 살펴보자.

시타의 아버지 닥샤(Daksha)가 거대한 불의 제사를 올린다는 소식을 듣고, 시타는 초대장을 받지 못했지만 딸인데 설마 자리가 없을까 하는 심정에 아버지를 방문하기로 했다. 막상 아버지 집에 도착해서 보니 모든 신들과 언니들의 자리는 있었지만 자신과 남편 시바만 초대받지 못했다는 사실을 알게 되었다. 예나 지금이나 사람의 세계나 신들의 세계나 겉으로 드러난 모습만 보고 상대방을 판단하는 것은 어찌 그리 똑같은지, 시타의 아버지는 시바가 항상 남루한 옷에 이상한 개나 귀신들을 데리고 다니기 때문에 사람들 보기 민망해서 초대하지 않았다는 것이었다.

사실 여러 신 중에서 시바 신은 유독 소박하다 못해 불쌍하기까지 한 모습이다. 온갖 종류의 보석과 황금관을 쓰고 빨갛고 파란 비단옷을 잘 차려입고 있는 비슈누와 비교해 보면 찢어진 호피무늬 옷을 반쪽만 걸치고, 머리는 산발한 시바의 외모는 거의 걸인 수준에 가깝다. 남편이 외모 때문에 푸대접을 받고 있다는 사실을 알고 시타는 말할 수 없는 모욕감과 함께 분함을 참지 못해 아버지의 제사를 망치기로 결심하고, 그 즉시 불속으로 뛰어들었다.

사랑이란 무엇인가. 사랑하는 이를 존경하는 마음이 지나쳐 무모하리만치 맹목적이 되고, 그가 무시당하면 자신도 똑같이 무시당하는 것 같아 괴로워하는 것이 바로 사랑일까? 그렇다. 사랑이란 존중이고, 존경이다. 시바를 존경하는 마음이 없었다면 시타는 자기 스스로를 해치는 길까지 가지 않았을지도 모른다. 남편이 아버지로부터 존중받지 못한다고 생각했을 때 그녀는 화가 났고 자신을 희생해서라도 아버지에게 항의하고 싶었던 것이다. 서로에 대한 존중이 없는 사랑은 오래가지 못한다. 가벼운 사랑은 험한 세파에 금세 무너지고 만다. 때문에 사랑의 수많은 덕목 중에서도 가장 중요하게 생각해야 할 것이 바로 존중과 존경이다.

아내 시타가 불에 타서 죽었다는 말을 들은 시바는 현실과 격리된 고요한 명상의 세계에서 살다가 갑자기 현실의 세계로 들어간다. 그녀가 옆에 있을 때는 알지 못했던 아내의 소중함을 새삼스레 깨닫게 된 것이다. 평소 아내에 대해 명상을 방해하는 귀찮은 존재쯤으로 생각했던 그였지만, 막상 아내가 사라지고 나니 세상의 모든 슬픔과 고통이 자신의 것이 되었고 가눌 길 없는 허망함을 느꼈다. 화가 난 그는 닥샤가 제사 지내는 곳으로 달려가 주위를 쑥대밭으로 만들고 닥샤의 머리를 베어 제단에 던져 버렸다. 아내를 잃은 분노의 힘이 증폭되자 무서운 집중력이 발휘되어 한순간에 세상을 공포의 도가니로 만들어 버린 것이다.

그러고는 타다 남은 아내의 시신을 들고 괴로움에 소리치며 세상을 떠돌기 시작했다. 시바가 아내를 잃고 슬픔에 빠지자 우주 전체가 그의 아픔에 동화되기 시작했고 이를 본 비슈누는 우주의 질서를 위해 더 이상 좌시할 수만은 없었다. 그는 세상이 원래 있던 그대로 잘 돌아가게끔 보살펴야 하는 신이었으니까. 비슈누는 왼손에 들고 있던 날카로운 톱니 원반으로 모든 부정적인 일들을 파괴하여 허공 속으로 던져 버렸다. 그리고 시타의 몸을 108개의 조각으로 잘라 형체를 아예 없애 버렸다. 그러자 놀라운 일이 벌어졌다. 세상의 모든 고통을 혼자서 짊어진 듯 괴로워하던 시바가 드디어 정신을 차리고 신 본연의 의무를 다하기 시작했던 것이다. 사랑이란 이토록 허무하단 말인가. 사랑의 상실로 인해 온 세상을 다 박살낼 것처럼 흥분하다가 단지 사랑하는 이의 형체가 없어졌다는 이유 하나만으로 사랑을 그리 쉽게 단념할 수 있다는 말인가.

시바는 장인 닥샤의 집으로 가 잘린 그의 머리를 붙여 놓고 생명을 불어넣어 그가 제사의식을 끝내게 해 주었으며 모든 일들은 다시 제자리로 돌아갔다. 시바 역시 동굴 깊은 곳으로 들어가 두눈을 감고 명상에 잠겼다. 더 이상 세상의 모든 물질적 쾌락이나 소소한 일에 신경 쓰고 싶지 않다는 듯 눈 덮인 히말라야의 케일라사 산 깊은 곳으로 들어가 꼼짝도 하지 않고 점점 더 깊은 고립의 세계로 들어갔다. 사랑의 상실감은 본연의 자아를 찾는 데 도움이 된다. 누구나 한 번 처절한 사랑의 고통을 경험했다면 다시는 그러한 상실의 바다에 빠지고 싶지 않을 것이다. 시바 역시 마찬가지였다.

그러나 세상은 그를 명상에 잠겨 살도록 놔두지 않았다. 타락카(Taraka)라는 악마가 태어나 사람들을 괴롭히기 시작했다. 그는 워낙 천하무적이라 그 누구도 제압할 수가 없었다. 오직 시바의 아들만이 그를 죽일 수 있다는 결론이 나왔다. 하지만 시바는 여전히 세상일에 관심을 끊고 깊은 명상에서 깨어날 생각을 하지 않았다. 시타는 파르바티(Parvati)로 다시 태어나서 그와 결혼하려고 했으나 아무리 해도 그를 깨울 수가 없었다. 시바가 파르바티와 사랑에 빠져야 결혼을 하고 그래야 자식을 낳을 텐데 시바는 도통 여인에게 관심이 없었던 것이다.

이에 창조주 브라마는 카마에게 사랑의 활을 쏴서 시바가 다시 인간의 감정을 갖고 사랑에 빠져 2세를 갖게 해달라는 부탁을 하게 된다. 카마는 두려운 마음이 들었다. 시바의 넘치는 카리스마에 위협을 느낀 데다 그의 힘이 강력하다는 것을 알고 있었기 때문이다. 만약 실패하면 죽은 목숨이나 다름없었다.

　카마는 평소 하던 대로 봄의 신 바산트에게 부탁해 분위기 조성에 들어
갔다. 도처에 꽃들이 피어나고, 벌들은 기분 좋게 윙윙 날아다니고, 상큼한
바람이 불어와 정열을 불러 일으켰지만 시바는 미동도 하지 않았다. 당황
한 카마는 망고 나무 위에 올라가 시바의 가슴에 다섯 개의 화살을 모두 쏘
았다. 주변의 소란함에 눈을 뜬 시바는 망고 나무 뒤에 카마가 숨어 있다는
사실을 눈치 채고, 이마 중앙에 있는 제삼의 눈을 떠서 그를 쳐다보았다.
그 순간 카마는 한 줌의 재가 되어 버렸다. 힌두교에서 재는 인간의 영혼을
뜻한다. 카마에게는 영혼만 남고 물질은 사라졌다. 사랑도 그렇다. 사랑은
실체가 없다. 순간의 바람에도 다 사라져 버리는 한 줌의 재처럼 사랑도 가
볍기만 하다. 그러나 단 한 사람, 사랑하는 이에게는 이 모든 것이 예외가
된다. 아무리 형체가 없어도 그 사람에게만 보이면 되는 것이다.

　이 소식을 들은 카마의 아내 라티는 너무 놀라서 시바에게 당장 달려가
서 빌었다. 제발 남편을 돌려달라고. 가엾은 아내의 간청을 들은 시바는 마
음을 돌려 카마가 비록 재가 되어 형체는 사라졌다 하더라도 살아 있게 해
주었고, 특히 라티에게만 그 모습이 보이도록 허락했던 것이다. 카마의 희
생 덕분에 시바와 파르바티는 결혼을 했고 둘 사이에 태어난 아들 카르티
케야(Kartikeya)가 타락카를 물리치고 다시 세상의 평화를 가져왔다.

　이렇듯 세상의 평화를 지키는 데 혁혁한 공을 세운 사랑의 신 카마는 힌
두교인들의 삶에서 매우 중요한 역할을 한다. 힌두교인들은 인생의 네 가
지 기본 목표를 가지고 있다. 'Dharma', 'Artha', 'Kama', 'Moksha'이다.

부겐빌레아의 붉은 꽃이 같은 빛깔의 담장을 살포시 넘고 있다.

다르마는 힌두사상 전반에 흐르는 가장 중요한 개념 중의 하나다. 도덕, 법, 행위 등등 여러 가지 의미로 해석되기도 하지만 여기서는 보통 자신의 의무, 즉 내가 서 있는 위치에서 내가 해야 할 일을 하는 것을 의미한다. 내가 속한 카스트에 따라 일을 해야 하고 가정 내에서도 본연의 의무를 다하는 것이다. 가장 쉬운 일인 것 같지만, 이 다르마를 제대로 수행하지 못하면 인생이 꼬이기 시작한다. 이 다르마 하나만 철저하게 수행한다면 인생의 절반은 성공한 것이다. 자기 몫을 제대로 하지 못하는 사람들이 얼마나 많은가. 거창한 그 무엇보다도 내게 주어진 업 하나만이라도 잘 실천하는 것이 무엇보다도 중요하다.

두 번째 아르타는 재산을 의미한다. 물론 욕심을 내서 재물을 모으라는 이야기는 아니다. 최소한 가족을 부양할 수 있는 재산, 내 한 몸 편하게 쉴 곳을 마련할 정도의 재산은 있어야 한다. 거기다가 가족이 풍요롭게 살 수 있을 정도로 재산을 많이 축적했다면 그보다 더 큰 목적 달성은 없을 것이다. 건전한 부의 창출이야말로 우리 인생에서 꼭 이루어야 할 목표다.

그리고 세 번째 카마는 즐거움을 의미한다. 의무를 다하고 재산을 모으는 데 인생을 다 써버린다면 우리의 삶은 고단할 것이다. 육체적인 쾌락과 마음의 즐거움도 우리가 누려야 할 삶의 과정이다. 사랑의 신 카마가 능력을 발휘하는 순간이다. 앞에서도 말했지만 쾌락은 마음의 평화와 즐거움이 선행된 다음에 온다. 무조건적인 쾌락의 욕구를 채울 수는 없다. 카마가 단독으로 사랑의 화살을 쏘는 것이 아니라 친구 바산트의 도움을 받는 것을 보면 알 수 있다.

마지막 삶의 목표는 모크샤, 해탈이다. 인간으로 태어나 무거운 의무를 다하고, 가족을 위해 희생하고, 내가 하고 싶은 일도 하면서 즐겁게 살아 보았다면 더 이상의 세속적인 삶에 미련을 버리고 윤회에서 해방되어야 한다. 세속의 모든 것은 내려놓고 참된 나를 찾아 떠나는 것이다. 모크샤의 단계에 이르면 다르마, 아르타, 카마 이 모든 것을 뒤로하고 마음공부를 해야 한다.

　살면서 우리는 과거를 돌아보게 된다. 과연 나는 어느 정도 인생의 목표를 달성했는가. 다르마를 잘 실천하고 있는가. 특히 사랑의 문제에 대해서는 누구나 저마다의 스토리를 갖고 있을 것이다.

　사랑이란 무엇인가. 사랑은 인생이라는 커다란 강물에 예기치 않게 나타나는 폭포 같은 것이다. 조용히 리듬을 타고 떠내려가다가 어느 순간 물길은 걷잡을 수 없이 거세지고, 자석에 이끌리듯 대책 없이 폭포 밑으로 추락한다. 그다음에도 한동안 자신의 의지와는 상관없이 깊은 물속에서 뱅글뱅글 돌다가 다시 고요한 강으로 떠내려가는 것이 사랑이다.

　사랑은 그런 것이다.

하얀 연꽃 위에 앉아 있는 사라스와티. 비나를 연주하며 책을 들고 있다.

공부의 신 사라스와티

진짜 공부의 신이 있다면? 기도하는 것만으로도 정말 공부를 잘할 수 있다면?

이 땅의 모든 학생과 학부모들은 열 일 다 제쳐 놓고 신에게 달려가 기도를 올릴 텐데…. 불행히도 그 신은 여기 없다. 4,713킬로미터나 떨어진 머나먼 인도 땅에 계시니 안타까운 마음이다.

모든 지적인 활동과 예술활동을 관장하는 신, 그녀의 이름은 사라스와티(Saraswati). 순백의 옷에 우아한 백조를 타고 다니고 고결한 하얀 연꽃 위에 앉아 자애롭게 미소 짓는 그녀는 이 세상 모든 생명들이 존경하는 사라스와티이다. 이 여신의 모습을 자세히 살펴보면 어떠한 능력의 소유자인지 명확히 알 수 있다. 제일 먼저 눈에 띄는 것이 주렁주렁 보석을 달지 않은 단정한 하얀 드레스다. 색채감으로 따지자면 세계 어디를 가도 뒤지지 않을 정도로 화려한 옷을 입은 힌두교 신들 중에서 오직 홀로 순백의 옷을 입고 있으니 오히려 더욱더 돋보인다. 옷차림만 봐도 지적인 분위기가 팍팍 풍기는데 그녀의 손을 보면 확실해진다. 두 손으로는 금방이라도 부드럽게 울려 퍼질 듯한 멋진 비나를 연주하고, 한 손에는 기억의 염주, 한 손에는 책을 들고 있다.

드넓은 바다에서도 진주만 쏙쏙 골라내는 능력을 지닌 영험한 새, 백조를 타고 다니는 사라스와티가 한 손에는 책을 들고 다른 손으로는 아름다운 비나를 연주하는 것은 머리만 채우는 지식의 불완전함을 의미한다. 그것만으로 인간이 지닌 영혼의 허기까지 달래줄 수는 없다. 지식이 구획 정리된 벌집이라면 그 안에 예술이라는 꿀을 채워야 완전해진다. 머릿속에 온갖 방대한 양의 지식만 있는 사람이 있다면 컴퓨터와 다를 바가 무엇이겠는가.

신기한 것은 이 지혜의 여신에게 공자의 철학과 일맥상통하는 면이 있다는 점이다. 『논어』에 "요산요수(樂山樂水)"라는 말이 있다. 지혜로운 사람은 물을 좋아하고, 어진 사람은 산을 좋아한다는 뜻이다. 사라스와티가 '흐르는 존재' 즉 강물을 의미한다는 것을 기원전 551년 중국에서 태어난 공자가 알 턱이 없었을 텐데, 신기한 우연이다. 사라스와티는 지금은 사라지고 없는 강의 이름이기도 하다.

고대 힌두교 경전인 《리그베다》에 보면 사라스와티 강은 히말라야에서 발원해 지금의 하리야나(Haryana) 주에서 라자스탄을 거쳐 바다로 흘러 들어간다고 되어 있다. 강은 모든 생명의 근원이고 고대문명이나 현대 문명이나 모두 강 주변에서 시작되어 여전히 번영을 누리고 있다. 강이 물줄기를 틀어 물이 사라지고 나면 인간들의 문명도 몰락하고 만다. 요산요수라는 말을 알게 된 다음부터 한동안 물을 좋아하느냐 산을 좋아하느냐를 물어보면서 상대방의 취향을 판단하던 사람들도 있을 것이다. 참고로 나는 산보다는 강을 더 좋아한다. 여러분은 어떠신지.

사라스와티를 모시는 특별한 축제는 만물이 소생하는 봄에 이루어진다. 바로 바산트 축제다. 노란 유채꽃이 절정에 달하면 겨울이 가고 봄이 온다는 신호로, 추운 겨울을 이겨내고 새로운 생명이 움트는 봄이 오는 것을 축하하면서 사라스와티에게 제사를 지낸다.

지식, 음악, 예술, 미술, 언어 등등 우리 일상생활에 필요한 모든 일을 배우는 데에도 사라스와티의 축복이 필요하다. 특히 글자를 처음 배우게 되는 너댓 살 아이들은 특별한 의식을 치르게 된다. 태어나서 처음으로 글을 배운다는 것은 드디어 만물의 영장인 인간으로 이 지구상에서 살아가기 위해 의미 있는 첫발을 내디디는 중요한 순간이다. 지금까지는 본능에 충실한 동물적인 감각으로 일상을 보냈다면 문자의 세계로 들어서면서 조상들의 삶과 미래의 자손과 연결고리를 획득하게 된다. 공부를 해서 일등을 하고 좋은 대학을 가서 취직하는 단순한 삶의 시작이 아니라 자아를 가진 한 인격체로 성장하는 발판을 마련하는 것이다. 이처럼 중요한 순간에 제일 먼저 사라스와티에게 제사를 올린다. 평생 전념해야 할 학습의 길에 함께해 주십사 도움을 청하는 의미로.

이것이 바로 비디아람브(Vidyarambh)인데, 배움에 이르는 길에 생기는 모든 장애물을 없애달라는 뜻으로 가네슈에게 먼저 제사를 드린다. 그러고 나서 쌀가루와 샤프란가루가 놓인 은접시에 선생님이 어린이와 함께 글자를 쓴다. 힌두교에서는 선생님의 역할이 매우 중요하다. 우리가 예전에 선생님의 그림자도 밟지 않았듯이 힌두교에서는 선생이 없다면 깨달음도 얻을 수 없다고 생각한다. 학문에 대한 힌두교인들의 태도는 경건하다. 우리의 삶을 풍요롭게 해주는 것이 바로 지식이라는 생각을 수천 년 전부터 하고 있었던 것이다.

그래서인지 학교에 사라스와티의 사진이나 동상을 모셔둔다. 2010년 하리드와르를 여행할 때 잠시 루르키라는 곳에서 쉬어간 적이 있었다. 점심 먹고 동네를 한 바퀴 돌아보던 중 한 대학을 방문했다. 지방대학이라는 점을 감안해도 상당히 큰 규모였는데, 알고 보니 1847년에 세워진 유서 깊은 곳이었다. 대학 캠퍼스를 걸어 다니다가 특이한 사원을 발견했다. 교내에 사라스와티를 모신 사원이 있었던 것이다. 건물 전체가 하얀 대리석으로 지어져 있어서 힌두교 특유의 요란함은 찾아볼 수 없었다. 지성의 요람이라는 대학 내에서도 사라스와티의 인기는 대단하다. 신에게 정성을 다해 기도를 드려 공부를 잘할 수 있다면 얼마나 좋을까. 어찌 보면 기도라는 것은 자기 최면인지도 모른다. 공부를 잘하게 해달라고 기도하는 마음 자체만으로도 반은 성공한 셈이다. 아무런 생각이나 계획도 없이 그냥 무작정 습관적으로 공부하는 사람과는 시작부터 다르다.

힌두교의 모든 신들 중에서 사라스와티만큼 두루두루 존경 받는 신은 없다. 오죽하면 브라마, 비슈누, 시바는 물론이고 악마나, 뱀, 귀신들까지

माँ सरस्वती जी

संवत् २०५७ मिगसर सुदी पूनम के दिन लाला धनसुखदास जी फोफलिया की पुण्य स्मृति में उनके पुत्र रामचन्द्र जी फोफलिया व उनकी धर्मपत्नी श्रीमती कुशल फोफलिया आट डालवाड़ी में भेंट प्रति जयानन्द मुनि जी

자이나교 사원 안에 있는 사라스와티 상.

루르키(Roorkee) 공과대학 안에 위치한 사라스와티 신전.

그녀의 지혜를 구하고자 애를 쓸까. 그것은 지식에 대한 인도인들의 사상 때문이다. 세상 그 무엇보다도 배우고 익히는 것이 제일 중요하다고 생각했던 전통이 수천 년 전인 베다 시대부터 내려오고 있다. 교육의 중요성은 아무리 강조해도 지나치지 않는다.

인도인들에게 재물을 관장하는 신 락슈미와 지식의 신 사라스와티 중 누가 더 중요하다고 생각하는지 물어보면, 아마 머리로는 사라스와

인도, 신화로 말하다

티가 더 중요하다고 대답할 것이다. 인도인들은 부자가 되기 위해 지식이 풍부해야 한다고 생각하기 때문이다. 공부를 못하고도 부자가 된 사람도 있겠지만, 소수에 지나지 않는다. 수능시험에서 만점을 받은 학생이 "공부가 가장 쉬웠어요"라고 말하는 것도 어느 정도 일리가 있다. 창조주인 브라마조차도 사라스와티에게 지혜를 구하니 말이다. 그렇지만 집집마다, 상가마다 가장 정성스럽게 모셔두고 숭배하는 여신이 황금동전 가득한 항아리를 들고 있는 락슈미 여신인 것을 보면, 생각과 현실은 다른 듯하다. 힘들게 공부하지 않고 쉽게 돈을 벌고자 하는 마음은 만국 공통인 모양이다.

　두 여신은 극명한 성격 차이를 보인다. 락슈미 여신은 까탈스럽고 변덕이 심하다. 좋고 싫음이 분명해서 자기 마음에 들지 않으면 언제든지 토라져서 다른 곳으로 후다닥 가버린다. 어찌 보면 변덕이 심한 애인 같아서 한곳에 오래 머물지 못하고 이곳저곳을 전전한다. 그것이 바로 돈의 속성이다. 아침에 집을 나설 때는 지갑 안에 얌전히 있던 돈도 외출하고 돌아올 때쯤이면 어느새 바람난 애인처럼 남의 지갑 속에 쏙 들어가서 나오지 않는다. 그나마 지갑 속의 돈은 눈으로 볼 수라도 있지만 요즘 같은 네트워크 시대에 통장 속에 들어 있는 돈이라는 녀석은 더욱더 심각하다. 월급이라는 이름의 돈이 입금되어 잔고가 두둑한 듯해도, 결제일만 지나고 나면 통장 속의 돈은 어느새 다 빠져나가고 만다. 그러나 사라스와티 여신이 주고 가는 지혜는 천방지축 돈과는 차원이 다르다. 집안에 재물을 쌓아 놓으면 누군가 훔쳐 갈까 봐 전전긍긍하며 경비 업체를 고용하지만, 집에 책을 한가득 쌓아 놓으면 어깨가 으쓱해지고, 찾아오는 친구들에게 자랑스럽게 보여줄 수 있다. 자기 소유 건물이 있고, 지방에 땅도 있다고 큰소리로 말하는 사람은 없다. 부자라는 것이 드러나면 돈을 빌려 달라거나 투자를 하라는 등 골치 아픈 일이 발생하기 때문에 대놓고 말은 안 한다. 하지만 피아노를 잘 치거나, 그림을 잘 그리거나, 운동을 잘하면 사람들은 그 능력을 마음껏 자랑할 수 있다. 단적으로 말해 노래를 잘하는 사람은 셀 수 없을 만큼 많은 사람들에게 마음의 위안과 기쁨을 선사한다. 상처 난 마음을 치료하기 위해 정신과에 다닌다고 생각해보면 돈은 천문학적 숫자가 될 것이다. 인류는 열심히 배움에 정진해 대가를 얻은 사람들이 타인에게 배움을 나눠준 덕분에 발전해 온 것이다. 더군다나 내 몸으로, 내 머리로 익힌 지식은 그 어떤 기발한 재주를 가진 도둑도 훔쳐가지 못한다. 돈은 영원히 내것이 아니지만 지식은 무덤에 들어갈 때까지도 온전히 나의 것이다. 요즘은 세상이 좋아져 지적재산권을 보장받아 후손에게 물려줄 수도 있다. 이 얼마나 남는 투자인가.

이번 기회에 사라스와티 여신과 좀 더 친해져서 공부 잘하는 비법을 알아보자. 대한민국 모든 엄마들의 지상과제, '어떻게 하면 우리 아이가 공부를 잘할 수 있을까'. 비디아람브 의식을 보면 답이 나온다. 이 의식에서 제일 먼저 하는 것이 모든 장애물을 제거하는 가네슈 신의 축복을 구하는 것이다. 공부를 하려고 마음먹고 책상에 앉아 있으면 온갖 훼방꾼들이 나타나 공부에 집중할 수 없게 만든다. 나의 학창시절을 돌이켜 보면 그 당시는 군것질거리도 귀하고 라디오 외에 특별한 것이 없었다. 하지만 지금

사라스와티 여신의 자가용인 공작새.

은 주변이 온통 유혹으로 넘쳐 난다. 스마트폰, 게임기, 24시간 나오는 텔레비전, 먹을거리가 가득한 냉장고, 책상 위를 차지하고 있는 온갖 팬시 용품 등등…. 이러한 장애물을 어떻게 제거하느냐가 관건이다. 칸막이가 쳐진 독서실이 대안일 수도 있다. 온갖 유혹에 시달리면서 4~5시간씩 공부하는 것보다는 3시간 정도 몰입하는 것이 효과적이다. 책상과 책 이외에는 아무것도 두지 않으면 조금이나마 유혹에서 벗어날 수 있다.

그다음 비디아람브에서 가르치는 것이 바로 스승에 대한 존경심이다. 아마 이것은 많은 사람들이 경험했을 것이다. 선생님이 좋으면 그 어렵다는 수학도 밤을 새워 공부해서 점수를 올릴 수 있다. 존경은커녕 선생님을 무시하고 우습게 여기는 학생이 공부를 잘할 턱이 없다. 내 아이가 공부를 잘하길 바란다면 학교나 선생님의 허물을 탓하기에 앞서 좋은 점을 부각시키고 학생 스스로 학교와 선생님에게 애정과 존경심을 갖게 해야 한다. 21세기 첨단 현대 사회에서 스승이라 함은 학교 안에만 국한되지는 않는다. 요즘 언어로 말하자면 멘토의 역할을 할 수 있는 사람이어도 괜찮다. 동영상 강의를 하는 선생님이든 흥미로운 참고서든 뭐든지 본인이 좋아하는 스타일의 선생을 찾는 것이 관건이다. 결론을 내리자면 공부를 잘하는 비결은 첫째, '주변 장애물 제거' 둘째, '선생님 말씀을 잘 듣기', 마지막으로 '공부에 대한 비전을 갖기'이다. 공부를 해서 어떻게 미래를 바꿀 수 있는지 꿈을 가져야 한다. 이 모든 방법론적인 일들이 어려운 것은 없다. 문제는 실천이다. 행동으로 옮기는 자만이 성공의 열매를 딸 수 있다. 공부방을 단순하게 유지해야 한다는 사실을 알고 있지만 불필요한 것들을 과감하게 버리고 정리하는 실천은 쉽지 않다. 아무리 좋은 스승을 만나도 본인이 직접 문제를 풀거나 연습하지 않으면 소용없다. 개인미디어의 시대, 첨단 스마트폰의 시대에 정보는 넘쳐난다. 이제 몰라서 못했다는 말은 통하지 않는다. 알면 실천해야 한다. 아는 것을 행동으로 옮기는 자만이 성공을 이룰 수 있다.

화려한 치장이 눈에 띄는 가네슈 상.

장애물을 제거해주는 신 가네슈

인생이 꼬일 때마다 드는 생각이 있을 것이다. 도와주는 것까지는 바라지 않지만 제발 발목 잡는 일만이라도 없었으면 좋겠다는 생각. 누군가 장애물만 거둬가도 열심히 노력하면 모든 일이 잘될 것 같다는 그런 생각을 해봤을 것이다. 그 간절한 소원을 들어주는 신이 바로 가네슈다.

머리는 코끼리에 몸통은 사람 형상인 아주 특이한 신이다. 더군다나 몸집은 산만 한데 타고 다니는 것은 조그만 쥐다. 이렇게 기괴한 신이 인도인에게 가장 사랑 받는 이유는 바로 모든 장애물을 제거하고 복을 준다고 믿기 때문이다. 인도에서 사업을 시작하거나 가게를 개업할 때 우리나라처럼 고사를 지낸다. 이때 빼놓을 수 없는 신상도 바로 가네슈다. 집집마다 있고 가게를 들어가면 아침마다 이 신 앞에 향을 피우고 기도한다. 오늘도 장애물 없이 복을 많이 가져다 달라고 간절하게 소원을 비는 것이다.

이 신의 탄생 배경을 살펴보자. 시바의 아내 파르바티는 아이를 간절히 원했다. 그러나 히말라야 산 정상에서 늘 명상에 잠겨 있는 시바는 아이를 전혀 원하지 않았다. 아이를 갖는다는 것은 신의 세계에서 현세로 들어온 다는 의미라고 한다. 신들의 세계에서도 아이의 존재는 그만큼 현실적이 다. 아이를 갖게 되는 기쁨과 동시에 질서의 혼란이 시작되고 고요한 명상 의 세계는 파괴될 수밖에 없다는 것을 신들도 인정한 셈이다. 아이는 축복 인 동시에 평생 내려놓을 수 없는 무거운 짐이다.

이에 극도로 화가 난 파르바티는 남편 없이 혼자서라도 아이를 만들겠 다는 작정을 하고 온몸에 강황 반죽을 발라 아이를 만들었다. 여권 운동사 측면에서 보면 이 파르바티야말로 혁명적인 여성권익 수호자라고 할 수 있다. 수천 년 전에 남편의 정자 없이 아이를 낳을 수 있다는 생각을 했다 는 것 자체가 대단히 획기적인 사고방식이다. 이렇듯 남편 없이 낳은 아이 가 바로 비나야카(Vinayaka)였다.

어느 날 그녀는 아들에게 목욕탕 문 앞에서 아무도 못 들어오게 지키고 있으라고 명령을 내렸다. 어머니의 명령을 너무나 충실하게 따르던 아들 은 시바마저도 출입을 허락하지 않았다. 아버지 없이 태어난 아들이었기 에 아버지의 존재를 알 수 없었던 것이다. 아들의 눈에 시바는 그저 어머니 의 목욕을 방해하는 존재로 밖에는 보이지 않았다. 이에 화가 머리끝까지 난 시바는 삼지창을 높이 들어 아들의 목을 베어 버리는 대형 사고를 치고 말았다.

아들이 죽었다는 소식을 듣고 말할 수 없는 슬픔에 잠겨 있던 파르바티

붉은 혀를 내밀고 있는 무시무시한 모습의 칼리 여신.

는 아들의 생명을 돌려놓지 않으면 인자한 여신 가우리(Gauri)의 모습에서
전쟁의 신인 칼리로 변하겠다고 남편에게 위협을 가하기 시작했다. 파르
바티는 힌두교의 다른 모든 신처럼 다양한 모습을 가지고 있다. 그녀의 가
장 큰 특징은 모든 힘의 원천이라는 것이다. 남편 시바가 휘두를 수 있는
힘을 아내 파르바티도 가지고 있었다.

이에 당황한 시바는 그의 부하들에게 빨리 밖으로 나가 처음 만나는 생

장애물을 제거해주는 신 가네슈

명체의 목을 무조건 베어 오라고 명령했다. 바로 그때 그 앞을 지나간 것이 코끼리였는데, 시바는 코끼리 머리를 비나야카의 목에 올려놓고 생명을 불어넣었다. 비로소 시바와 파르바티의 진정한 아들 가네슈가 탄생한 것이다.

가네슈의 얼굴을 자세히 보면 상아 한쪽이 부러져 있는데,《마하바르타》를 받아 적기 위해 너무 급한 나머지 자기의 뼈를 잘라 연필로 썼다는 전설이 있다. 가네슈는 풍요와 지혜의 신이기도 하다. 풍요로운 삶을 위해서는 지혜가 필요하고, 아무리 지혜롭다 하더라도 장애물이 많으면 풍요로운 삶을 살 수 없다.

이 세상 모든 사람들이 지혜롭고 풍요로운 삶을 살게 해달라는 나만의 기원으로 가네슈의 모습을 개인전 대표 사진으로 쓴 적이 있다. 이 사진을 보는 모든 사람들의 앞길에 장애물이 없고 복이 가득하기를 바라 본다.

라트나카라여,
누구를 위해 악업을 쌓고 있는가?

여행객들이 많이 지나다니는 길에서 사람을 죽이고 물건을 훔치며 살던 라트나카라(Ratnakara)는 어느 날 성자 나라다(Narada)를 붙잡고 가진 돈을 다 내놓으라고 협박했다. 성자가 아무런 동요도 없이 조용하게 물었다.

"너는 어찌하여 이런 나쁜 짓을 업으로 삼고 있느냐?"

"그거야, 다 처자식 먹여 살리려고 그러죠."

"그럼, 네 처와 자식이 이 사실을 알고 고마워하며, 네가 쌓은 악업도 함께 짊어지고 가겠다 하더냐?"

"당연하죠. 내가 이러는 것이, 다 지들 잘 먹이고, 잘 입히자고 하는 짓인데 설마 모르는 척하겠소?"

"그렇다면 네 말이 맞는지 지금 당장 집에 가서 한 번 물어보고 오너라."

라트나카라는 나라다를 나무에 꽁꽁 묶어 놓고 확신에 찬 모습으로 가족에게 달려가서 물어보았다.

"여보, 사실은 내가 지금껏 나쁜 짓을 해서 당신에게 생활비를 주었는데, 내가 지은 죄도 함께 나눌 수 있겠소?"

"아니, 제가 왜 그래야 하죠? 제 일은 가정을 꾸려나가는 것이고, 당신의 일은 제가 가족을 돌볼 수 있도록 돈을 벌어 오는 것이잖아요. 당신이 어떻게 돈을 벌든 그건 저와 상관없는 일이에요. 당신이 다르마를 지키기 위해 죄를 지었다면 그것은 당신의 업일 뿐이죠. 저는 제 의무만 충실히 하면 돼요."

라트나카라는 아내의 대답에 크게 실망했지만 일말의 희망을 버리지 못하고 옆에 있는 아들에게 같은 질문을 했다. 하지만 대답은 아내와 똑같았다. 믿었던 아들마저 자기의 다르마는 다르다며 아버지의 악행을 책임질 수 없다고 했다. 이 말을 들은 라트나카라는 갑자기 정신이 아득해졌고, 사막에 모래바람이 휘몰아치는 것처럼 그동안 자신이 저지른 악행들이 되돌아와 온몸을 후려치는 듯했다.

라트나카라는 지금까지 과연 누구를 위해 악업을 쌓았는지 곰곰이 생각해 보았다. 부모도, 자식도, 배우자도 악업을 나누는 것은 불가능하다. 죽음은 그 모든 것을 갈라놓는다. 태어날 때는 세상의 모든 이들이 축복해 주지만 죽을 때는 오직 내가 행한 선행만이 나를 지켜 줄 것이다. 돈도, 사랑도, 명예도 저 세상으로 가져갈 수 없다. 오직 한 가지, 내가 쌓은 업뿐이다. 선한 업을 가지고 갈 것인지, 악한 업을 가지고 갈지는 본인이 한 행동에 달려 있다.

힘없이 돌아온 그는 나무에 묶여 있던 성자 나라다를 풀어 주고는 그의 발아래 엎으려 구원을 요청했다. 그리고 어떻게 하면 지금까지 그가 지은 죄를 씻을 수 있는지 물어보았다. 성자는 라마 왕의 이름을 끝없이 암송하면 길이 보일 것이라고 말했다.

그 말을 들은 라트나카라는 모든 것을 버리고 숲 속으로 들어가 라마의 이름을 암송하며 고행에 들어갔다. 얼마나 수행에 정진했으면 주변에 개미탑이 생기는 것도 모르고 한자리에 앉아서 그동안 쌓은 악업을 씻어내고자 노력했을까. 마침내 하늘에서도 감동해 한 줄기 빛이 내려와 그의 모

인도 전통의상 사리를 입고 장에 나온 여인들(위). 소에게 공양하는 젊은 여인(아래).

든 죄를 사해 주었고, 그는 발미키(Valmiki)로 다시 태어났다. 개미탑 밑에 앉아 있던 사람이라는 뜻의 발미키가 바로 인도의 최고의 영웅 서사시《라마야나》를 쓴 최초의 위대한 시인이다.

우리는 가끔 '누군가를 위해 무엇을 한다'는 의미를 부여한다. 과연 그것이 진정 남을 위한 길인가? 아니다. 좋은 일이든 나쁜 일이든 결국은 나 자신을 위한 것이다. 가족을 위해서 정성을 다하는 것은 내 마음의 평온을 위해서다. 회사에서 치열하게 경쟁을 뚫고 승진하는 것도 마찬가지다. 가족의 행복을 위해서라기보다는 나 자신의 만족이 훨씬 더 크다. 물론 그 밑바탕에 타인을 위한 것이 있다면 그 성취의 폭은 상상을 초월할 만큼 커지는 부수적인 효과도 있다.

가끔 내가 원치 않은 희생을 한다고 생각할 때 주문을 외운다. 이 모든 일 역시 나를 위한 것이라고. 그러면 마음이 훨씬 편하다. 나 스스로를 위해 선업을 쌓자.

PART
2

생활 속으로

불꽃 축제 디왈리

할 말이 많아서 도대체 무슨 말부터 해야 할지 난감한 경우가 종종 있다. 인도에 사는 동안 블로그에 이것저것 인도 관련 정보를 올렸지만, 이상하게도 디왈리(Diwali)에 대해서는 쓰기가 어려웠다. 인도인의 삶을 가장 많이 좌우하는 것이 디왈리라고 생각되어서인지 그것에 대해 써야 한다고 생각하면 여름방학 내내 놀다가 개학 하루 전 무슨 숙제부터 해야 할지 몰라 고민하던 때처럼 머릿속이 하얘진다. 4박 5일 동안 열리는 복잡하고 다양한 축제의 일상을 일목요연하게 써야 한다는 것이 수수께끼 푸는 것보다 더 어렵다. 결국 이 책의 모든 원고를 다 쓰고 나서야 디왈리에 대해 쓸 수 있었다.

디왈리가 처음 피부로 와 닿은 것은 그들의 길고도 기나긴 휴가에서였다. 세계에서 일곱 번째로 넓은 국토를 가진 나라답게, 귀향길이 일주일 소요되기도 한다는 이야기를 듣고는 완전히 졌다는 생각이 들었다. 추석이나 설 명절에 7~8시간 가는 길도 지치고 심지어 일주일 전부터 자동차 울렁증이 생기니 말이다. 델리에서 북동쪽에 위치한 아쌈이나 남부지역으로 가려면 기차로 3박 4일, 다시 거기서 버스로, 버스에서 내리면 목적지까지 걸어서 가야 하는데 4박 5일은 족히 걸린다. 기차는 느리고 자주 연착이 되기 때문에 연결 교통수단이 별로 없다 보니 어지간한 거리는 2박 3일 이상이다. 오가는 데 시간이 워낙 많이 걸리다 보니 일 년에 단 한 번, 한 달 정도 휴가를 떠나는 것이다. 디왈리를 중심으로 1년 동안 열심히 일하고 휴가 이후에는 새로운 일 찾기가 반복된다.

우리나라 설날과 비슷한 점이 많은 디왈리는, 새 옷을 입고 집을 단장하고 가족들이 모이는 대목이다. 모든 상점들이 디왈리 특수를 노려 다양한 물건들을 준비한다. 디왈리 첫날은 장보기의 절정이다. 그전에 미리 선물을 사서 돌리기도 하지만, 이날 최종적으로 마무리한다. 그리고 현관문 앞에 기하학적인 무늬 랑골리(Rangoli)를 그려놓고 재물의 여신 락슈미를 맞이한다. 진흙 램프 디아(diya)를 켜놓고 새로운 가재도구를 사거나 장부정리를 한다. 최근에는 디아보다 크리스마스에 흔히 볼 수 있는 꼬마전구로 온 집안을 치장하는 것이 유행이다.

두 번째 날은 드디어 폭죽놀이가 시작된다. 물론 첫날도 하지만 두 번째 날부터는 폭죽이 여기저기서 제대로 터진다. 인도에서 보낸 첫 해에는 이 폭죽놀이 때문에 굉장히 놀랐다. 그 규모가 어찌나 크던지 전쟁이나 테러 사태라도 일어난 줄 알았다. 그때 인도는 테러 행위가 잦았고, 관공서나 쇼핑센터, 호텔을 출입하기 위해서는 공항검색대 같은 곳을 통과해야 할 정도로 보안이 철저했던 때라 사고가 난 줄 알고 겁을 잔뜩 집어먹은 것이다.

디왈리 날인 셋째 날은 둘째 날보다 폭죽놀이가 더욱 고조되니 밤새 괴로울 수밖에 없다. 다음 날 아침 도심 전체가 매캐한 연기로 가득 찰 정도니 말이다. 폭죽의 크기와 모양, 터지는 소리가 경제력을 보여주는 지표라고 생각하는 인도인들이어서 누구보다 더 크고 더 화려하게 폭죽을 터트리려고 경쟁하는 것이다.

외국인들도 함께 즐기는 디왈리 축제는 셋째 날까지이다. 넷째 날 인도 사람들은 사원에 들르고 다섯째 날은 오빠가 여동생 집에 찾아가는 것이 풍습이라고 한다.

여러 가지 디왈리 행사 중에서도 가장 큰 의미를 두는 것은 집 안과 온 마을을 디아로 환히 밝히는 것인데, 여기에는 전설이 있다. ≪라마야나≫에 나오는 이야기를 보자.

다사라타(Dasaratha) 왕은 늙고 지쳐 왕위를 맏아들 라마에게 물려주고 자신은 편히 여생을 보내기로 마음먹었다. 그래서 신하들을 불러 자신의 뜻을 알리고 서둘러 세자 책봉식을 거행하기로 한다. 모든 일은 왕의 뜻대로 순조롭게 돌아가는 듯했다. 다르마, 정의의 화신이라 불리는 세자 라마는 신도 갖기 힘들 정도로 훌륭한 인품과 타고난 능력으로 모든 이의 칭송을 받아 왔던 터라 그가 아요디야(Ayodhya)의 왕이 되는 것에 문제가 없는

디왈리를 맞이하여 쇼핑센터 앞에 임시 장이 섰다.

유아원에서도 사제를 불러 디왈리를 제대로 즐긴다.

것처럼 보였다. 그러나 의외의 변수가 생겼다. 다사라타 왕이 오래전 세 번째 왕비인 카이케이(Kaikeyi)에게 한 약속이 왕국을 뒤흔들 정도의 대혼란을 가져왔다. 지난날 전쟁터에서 왕이 중상을 입고 생명이 위태로웠을 때 카이케이 왕비는 왕을 피신시키고 지극정성으로 간호하여 왕의 목숨을 구한 적이 있었다. 그때 왕이 왕비에게 두 가지 소원을 들어 주겠노라 약속을 했고, 왕비는 그 약속이 언제였는지조차 기억나지 않을 만큼 오랜 시간이 흐른 뒤에 약속을 지키라고 요구한 것이다.

첫째는 라마 대신 자기 아들 바라타(Bharata)를 왕위에 앉히고, 두 번째는 라마를 14년 동안 숲으로 추방하라는 것이었다. 너무나도 터무니없는 요구 아닌가? 약속을 지키기 위해 왕위 계승 서열까지 바꾸고 왕자를 추방해야 한다는 말인가? 약속을 지키는 것이 왕의 다르마이기 때문에 다사라타 왕은 카이케이 왕비의 요구를 들어주어야만 했다. 힌두교에서 다르마는 여러 가지 의미를 함축하고 있다. 다르마는 모든 인간이 지켜야 할 법이요, 정의요, 진리며, 업이다. 다르마의 화신 라마는 아버지의 다르마를 지켜주기 위해 모든 기득권을 일말의 망설임도 없이 포기하고, 차분하게 아버지의 뜻에 따르겠다고 한다.

하지만 라마의 어머니 카우살리야(Kausalya)는 아들의 결정을 받아들일 수 없었다. 아버지의 다르마만 따르고 어미의 다르마는 따르지 않는 것은 옳지 않다고 애원한다. 여기서 보편적 다르마와 사적인 다르마의 충돌이 일어나는 것이다. 약속은 지켜져야 한다는 것이 보편적 다르마이고, 약속이 불합리한 것이니 지키지 말라는 어머니의 간청은 사적인 다르마이다. 약속이라는 것은 상호 간에 지키기로 한 합의 사항으로, 그것이 사소하다고, 오래되었다고 해서 지키지 않는다면 세상의 질서는 파괴될 것이다. 그 당시의 약속은 지금의 법과 마찬가지라고 볼 수 있다. 내게 유리하면 법을 지키고, 불리하면 지키지 않는다면 정의는 구현될 수 없다.

결국 라마는 동생 바르타에게 왕위를 물려주고 아내 시타(Sita), 또 다른 동생 락슈마나(Lakshumana)와 함께 14년간 숲 속에 살면서 온갖 시련을 다 이겨내고, 사악한 랑카의 왕 라바나까지 물리친 뒤에 그리운 고향 아요디야로 금의환향하게 된다. 정의가 승리하고 위대한 라마 왕이 돌아오는 것을 축하하기 위해 주민들이 촛불을 밝히기 시작한 데서 디왈리가 시작되었다.

그렇다고 해서 라마 왕의 귀환을 축하하는 것만이 디왈리는 아니다. 인도인들의 삶 속에 5천 년 전부터 이어져 내려온 디왈리 축제의 특성상 다양한 행사와 의미가 내포되어 있다.

인도에서의 축제는 특별하지만, 일상이기도 하다. 지역별, 계절별로 보면 단 하루라도 축제가 없는 날이 없다고 할 만큼 수많은 축제가 있는 인도. 그중에서도 단연 최고는 디왈리와 홀리가 아닐까 싶다. 외국인의 눈으로 볼 때 그날만큼은 인도 전역이 하나가 되어 즐기는 듯했다. 힌두교와 관련 없는 사람들도 다함께 즐길 수 있는 축제이기도 하다. 나 역시 꼬마전구로 집 안을 장식했었다. 요즘은 세계 어디든 인도인들이 거주하는 곳이면 디왈리 축제가 성대하게 열린다. 조만간 우리나라에서도 디왈리 축제를 볼 수 있지 않을까?

카스트제도

카스트는 피부색으로 구별된다? 좀 이상하게 들릴지 모르지만, 전혀 틀린 이야기는 아니다. 카스트라는 말 자체가 포르투갈어로 색깔이라는 뜻이다. 얼굴색이라는 것이 내 마음대로 할 수 있는 것도 아니고 부모의 유전자를 물려 받는 자연의 법칙이므로 인도의 카스트제도는 선천적인 지위인 것이다. 인도에 대한 궁금증 1순위가 카스트제도인데, 그 이유는 지구상에서 대부분 사라진 계급사회가 유독 인도에서만은 아직도 그대로 존재하고 있기 때문이다. 물론 법적으로는 없어져서 천민 출신이 총리를 지내기도 했지만 말이다.

인도 생활 초기에는 인도의 관습이나 제도에 대해 알아차리기가 어렵다. 인도에 살지만 한국사람처럼 생활하기 때문에 그들의 문화를 제대로 안다는 것이 거의 불가능하다. 이역만리 타국에서 한국사람들은 어쩜 그

시골길에서 만난 여인들(위)과 나뭇잎을 한 짐 이고 산길을 내려오는 여인들(아래).

리도 한국적으로 살아가는지, 그렇게 살고 있는 나 또한 신기할 따름이었다. 그렇다 하더라도 잠깐 스치듯 지나가는 여행자의 삶이 아니기에 서당개 3년이면 풍월을 읊는다는 우리나라 속담이 진리가 되어 버린다. 아마 선조들은 3년만 한 공간에 머물면 주변의 돌아가는 이치를 충분히 깨친다고 믿었나 보다. 3년 하고도 1년을 더 산 나는 카스트제도가 법적으로만 없어졌지 실생활에서도 사라진 것은 아니라는 사실을 알게 되었다.

카스트의 어원은 포르투갈어로 불평등이다. 산스크리트어로는 자티, 종족, 부족이라는 의미다. 직업군에 따라 수많은 자티가 있는데, 그 수많은 자티를 크게 4개로 구분하여 카스트가 되었다.

카스트의 최상위 계급은 성직자 그룹인 브라만이다. 대부분 성직자의 얼굴은 밝은색이다. 수십 군데의 사원을 다녔지만 검은 얼굴의 사제는 볼 수 없었다.

두 번째 계급인 크샤트리아는 왕족과 귀족계급이다. 인도에서는 왕들도 브라만을 함부로 다룰 수가 없다. 다양한 우화를 보면 왕이라고 브라만 앞에서 유세를 떨다가 저주받는 이야기가 심심치 않게 나온다. 여기까지 두 계급의 얼굴은 백인에 가까운 밝은색이다. 아리안족의 후예답게 골격이 크고 이목구비가 뚜렷하다. 중동사람들과 유사한 모습이고 세계미인대회에서 상을 받은 인도여성들이 대표적인 얼굴이다.

결국 침입자 아리안족이 토착민 드라비다족을 지배하기 위한 수단으로 카스트제도를 고안했다는 설을 뒷받침해주고 있는 것이다. 다만 아리안족의 침입 역사가 기원전 1,500년경까지 거슬러 올라가다 보니 침입자는 더 이상 이방인으로 존재하는 것이 아니라 아예 토착민이 되어버렸다는 것이 다를 뿐이다.

다음 계급은 바이샤로 대부분 상인들이 속한다. 얼굴은 검은 편이지만 그렇다고 흑인에 가까운 검은색은 아니다. 마지막으로 수드라, 그리고 이 불평등한 계급에 낄 수도 없는 불가촉천민 집단이 있다. 간디는 이들을 하리잔, 신의 자식이라 부르기도 했다.

내가 처음으로 계급에 대해 실감을 한 것은 집안에 고장 난 것을 고치러 오는 사람을 보고 나서이다. 초기 인도 생활 중에 힘들었던 것이 매일 집안에 무엇인가가 고장 났던 것인데, 싱크대가 고장 나서 고치면 장롱 옷걸이가 부러져 걸어 둔 옷이 뒤죽박죽되고, 이것을 고치면 전기가 고장 나고, 전기를 고치고 나면 문짝이 고장 나고, 이제는 정말 더 이상 고장 난 것이 없겠다 싶어 한숨 돌리고 나면 다시 장롱 옷걸이가 고장 나는 식이었다. 그때마다 사람을 부르면 늘 두 명 이상이 왔다. 얼굴이 검고 일을 직접 하는 젊은이는 날씬하게 균형이 잡혀 있어 사진가의 눈으로는 그저 단순한 기능공이 아니라 인도 젊은이를 대표하는 모델로 쓰고 싶을 정도였다. 옷은 비록 낡고 헤어졌어도 그들의 스타일은 우리나라 젊은이들의 패션과는 달리 상당히 과감해서 작업복 그대로 입혀 사진을 찍으면 훌륭한 작품이 나올 것 같아 늘 유심히 살피곤 했었다. 지금에 와서 후회해봤자 소용없지만 그때 좀 더 과감하게 사진작업을 시작했더라면 지금쯤 아주 훌륭한 프로젝트 하나를 완성했을 텐데 하는 진한 아쉬움이 남는다. 그렇게 모델 뺨치는 작업자 옆에는 늘 옷 안에 커다란 세숫대야를 숨기고 있는 것처럼 배가 남산만 하게 나온 아저씨가 같이 왔다. 아무 일도 하지 않고 그저 주인과 고장 난 것을 고치는 일에 대해 이야기를 나눈 뒤 작업자한테 일을 시키고 본인은 의자에 앉아 있기만 했다.

나중에 알고 보니 상위계급의 사람들은 천한 하위계급의 사람들과 절대로 말을 섞어서는 안 되기 때문에 중간에 자기와 같은 계급의 직업을 가진 사람하고만 이야기를 할 수 있다는 것이었다. 아무리 법률적으로 카스트제도가 없어졌다고는 하나 수천 년간 이어져 온 생활 속에서는 그렇지 않았다. 국적부터 다양한 사람들이 모여 사는 신흥도시에서도 이렇듯 눈에 보이지 않게 카스트제도가 남아 있는데 남의 집 숟가락이 몇 개인지 다 아는 시골에서라면 아마 계급 불평등은 훨씬 심할 것이다. 카스트제도의 폐해 중의 하나인 계급 간의 결혼불가로 인해 고통 받는 젊은 남녀의 동반 자살이나 가족으로부터 당하는 명예살인의 대부분이 시골에서 발생한다. 이런 사건기사는 한 달에 한두 번씩 신문에 나올 정도로 비일비재하다.

그다음으로 내가 겪은 카스트제도 관련 경험은, 1년 8개월 된 아이를 유아원에 보낸 다음에 일어났다. 처음 아이를 유아원에 보내려고 마음먹었을 때는 두 돌도 안 된 아이를 유아원에 보내야 할지 말지, 보낸다면 어디에 보내야 할지 온종일 그 고민뿐이었다. 1년 8개월부터 서서히 유아원에 보내도 좋다는 책 내용만 보고 유아원을 알아보게 된 것이다. 하지만 아이가 제대로 적응할지 못할지도 모르는 상황에서 무조건 비싼 곳으로 보낼 수는 없었다. 비용이 만만찮아서 며칠 다니다가 도중에 그만두면 금전적인 손해가 컸기 때문이었다. 그래서 알아본 결과 집에서 차로 5분 정도 거리에 현지인들이 다니는 유아원이 있어서 그곳에 보냈는데 하루 만에 그만두고 말았다. 아이를 교실에 보내고 밖에서 잠시 기다리고 있었는데 아이가 큰소리로 울었다. 한참을 기다려도 울음을 그치지 않기에 물어보니 아이가 울어도 안아주지 않는 것이 유아원 방침이라는 이야기를 듣고는 미련 없이 그곳을 그만두었다. 두 돌도 안 된 아기들이 불안해서 우는데 교육이라는 미명하에 달래주지 않는 그런 엉터리 방침을 믿을 수가 없었다. 그러다가 우연히 약국에서 알게 된 사람으로부터 다른 현지 유아원은 아이가 울면 무조건 안아주고 달래주는 스타일이라고 해서 일단 그 유아원에 입학을 시켰다. 문제는 헤어질 때 뒤로 넘어갈 만큼 자지러지게 울다가 내가 가고 나면 선생님 옆에 착 붙어서 잘 놀고 울지는 않는다는 것이다. 요란한 이별의식이 끝나고 5분도 안 되서 괜찮아진다는 담임 선생님 말씀에 일단 하루에 2시간씩 보냈다. 매일매일 갈등의 연속이었지만 그렇다고 중간에 그만둘 수도 없었다.

그러던 어느 날 집에 돌아온 아이 엉덩이에서 심하게 악취가 났다. 기저귀를 살펴보니 대변을 봤는데 갈아 주지 않아 그대로 돌아온 것이다. 어이가 없어서 그다음 날 당장 유아원으로 가서 항의를 했다. 아이 엉덩이가 빨갛게 될 때까지 어떻게 가만둘 수 있느냐고 따졌더니 자기들도 어쩔 수 없었다고 했다. 인도 유아원이나 유치원에는 정식 선생님과 그 밑에서 심부름하는 사람이 따로 있는데, 가르치는 일 이외에 험한 일을 하기 위해 고용된 심부름꾼 정도라고 할 수 있다. 문제는 서현이가 너무 어려서 선생님 이외는 자기 몸을 못 만지게 했던 것이다. 일하는 사람들이 기저귀를 갈기 위

아침 기도를 하고 있는 사제.

해 옷을 벗기려 하면 큰소리로 울기 때문에 갈 수가 없었단다. 그럼 선생님이 하면 되지 않느냐고 했더니 선생님의 카스트는 그런 일을 할 수가 없다고 한다. 선생님이 못한다고 하면 자기들도 강요할 수 없다는 것이다. 세상에 이런 일이! 딱 이 말밖에는 할 수 없었다. 너무 어이가 없어서 화도 안 났다. 말 그대로 망연자실. 논리적으로 대꾸할 말이 전혀 생각나지 않았다. 카스트제도의 엄격함을 그때 제대로 알게 되었다. 집에 와서 아무리 생각에 생각을 거듭해도 이해할 수 없었다. 소변도 아니고 대변을 본 아이를 그냥 방치했다는 것이 상식적으로 납득이 안 된 것이다. 이것이 인도인이 아니면 죽었다가 다시 태어나도 힌두교를 이해할 수 없는 이유 중의 하나이다.

인도의 카스트 제도를 알게 해준 몇 가지 황당한 사건들을 겪고 난 뒤 좀 더 구체적으로 카스트제도의 핵심인 직업군, 자티에 대해 알게 된 건 인도의 전통 화법인 탄조르 페인팅을 배우면서부터였다. 인도생활이 점차 익숙해지고 나자 뭔가 새로운 도전을 해보고 싶은 마음이 들었다. 그래서 친구의 추천으로 알게 된 선생님의 집에 매일 오전마다 가서 그림을 그리게 되었다. 탄조르 페인팅은 일반적인 그림 위에 인조보석으로 치장하는 기법이다. 특히 신화 속의 인물을 그릴 때 신들이 입고 있는 옷이나 왕관의 보석, 팔찌 등에 실제로 금박을 입히거나 진짜 보석을 붙이기도 한다. 아침 열 시쯤 선생님 집에 가서 그림을 그리기 시작하면 끊임없이 사람들이 들락날락했다. 물론 집에 일하는 사람이 있어 선생님이 직접 문을 열어주는 경우는 드물지만 신경이 쓰여 물어본 적이 있었다. 도대체 뭐 하는 사람들이 그렇게 자주 오냐고. 그랬더니 아침에는 청소하러 오는 사람, 화장실 청소만 하는 사람, 정원사, 다림질하는 사람, 요리사 등등이라고 했다. 우리나라 같으면 단 한 명이 모든 일을 할 수 있지만 인도에서는 각각의 분야가 달라서 계속 사람들이 왔다 갔다 하는 것이다. 집안 청소를 하는 사람은 절대로 화장실 청소는 하지 않는다. 화장실 청소는 불가촉천민의 직업인 것이다. 청소를 하는 사람이 다림질을 하지도 않는다. 마을 어귀 커다란 나무 그늘 아래 벽돌로 탁자를 만들어 다림질만 하는 사람이 따로 있다. 또한 물만 주는 간단한 정원일도 그 일만 전문적으로 하는 사람이 있으니, 좀 산다 하는 사람의 집에는 일하는 하인만 열 명이 넘어가는 것이다. 그리고 집안 청소만 하는 사람이라고 할지라도 요리는 하지 않는다. 브라만이나 크샤트리아는 같은 계급의 사람이 요리한 것만 먹을 수가 있다. 낮은 계급의 사람이 한 요리는 먹어서는 안 된다.

우리의 기준으로는 도저히 이해할 수 없는 인도만의 법이다. 한 사람이 청소하고 빨래하고 나무에 물 주고, 요리하고 모든 것을 할 수 있는데 인도는 각자의 일이 철저하게 분리되어 있다. 요즘은 모든 사람들에게 교육 평등권이 주어져 천민 출신의 장관은 물론 총리까지 나오고 있다. 그렇다 하더라도 생활 속에 뿌리 박혀 있는 카스트제도가 하루아침에 없어진 것은 아니다. 그러나 견고했던 카스트제도 역시 최첨단 IT 문화 앞에서 조금씩 허물어지는 모습이다. 특히 휴대전화의 보급은 파급력이 크다. 친정에서 떨어져 멀리 시집간 여성의 경우 그동안은 외부와의 단절로 인해 부당한 대우를 받고도 참고 살았지만, 휴대전화로 세상과 소통하면서 억울함을 해소할 수도 있고 일자리 정보를 서로 공유하면서 더 좋은 조건의 직업을 얻을 기회도 생긴 것이다. 카스트제도의 불합리한 점을 법적으로 아무리 해소하려고 해도 어렵던 것이 교통과 통신의 발달로 서서히 허물어지기 시작했다. 아마도 카스트제도가 어느 정도만 사라져도 인도 경제는 완전히 달라질 것이다. 미래의 인도를 사람들이 주목하는 이유가 바로 이것이다. 무한한 잠재력.

구루가온의 전설

　인도에서 몇 년 살다 왔다고 하면 사람들은 인도 어디쯤인지부터 궁금해 한다. 워낙 넓은 나라이다 보니 단순히 인도에서 살았다는 말로는 그림이 그려지지 않고 도시 이름을 말해 줘야 대충이나마 지역적인 특성을 이해할 수 있는 모양이다. 우리나라 사람들에게 가장 많이 알려진 도시는 델리, 뭄바이, 콜카타인데 간단하게 말할 때는 그냥 델리에 살았다 하고, 자세히 설명할 필요가 있을 때는 델리 언저리에서 살았다고 말한다. 더 빨리 이해시키려면, 공항에서 가까이에 위치한 분당 비슷한 동네라고 하면 되었다. 기온이 48도 정도였던 2007년 5월 말 인도에 도착해서 2011년 3월 말에 다시 서울로 돌아왔으니, 만 4년에서 두 달이 부족하다. 이제 슬슬 내가 살았던 동네에 대해서 이야기를 시작하겠다.

델리에서 MG 로드를 타고 내려가면 허름한 톨게이트를 만나게 된다. 오죽하면 톨게이트가 아닌 줄 알고 그냥 지나가다가 직원들에게 붙잡히는 수모를 당했을까. 아마 지금은 달라졌겠지만. 그렇게 구루가온에 접어들자마자 처음 나오는 지하철역이 바로 구루 드로나차리아 역이다. '구루'는 구루가온의 그 구루를 의미하는 것으로, 이름의 근원에 대해 지금까지 알려진 바로는 두 가지 설이 있다. 하나는 산스크리트어로 선생님이라는 뜻의 'Guru'와 마을이라는 뜻의 'Gram'이 세월이 흘러 현지인의 말과 비슷하게 변해 'Gurgaon', 즉 선생님의 마을이 되었다는 설과 사탕수수인 'Sugarcane'을 정제하다 보면 나오는 '굴(Gur)'에서 유래되었다고 보는 사탕수수 재배 마을이라는 설이다. 둘 다 발음이 비슷하기 때문에 종종 혼동된다. 그러나 구루가온의 역사를 소개하는 자료에는 선생님의 마을이라는 전설이 옳다고 나오고, 내게 힌디어를 가르쳐 주었던 선생님은 'Sugarcane' 설이 더 옳다고 하니 어떤 말이 맞는지 확신하기는 힘들다.

구루가온에는 델리, 노이다 다음으로 많은 한국인이 살고 있다. 현재 'IT City', 'Millenium City' 등으로 불리는 바람에 그 역사가 깊지 않은 듯하지만, 알고 보면 그 역사는 5천 년 전 마하바라타(Mahābhārata) 시대까지 거슬러 올라간다.

옛날 옛날 한 옛날에 델리 근처에 두 명의 왕이 살고 있었다. 카우르바사(Kaurvas) 가의 왕 드리트라쉬트라(Dritrashtra)와 판다와스(Pandvas) 가의 판두(Pandu). 둘은 사촌 지간으로 장님이었던 드리트라쉬트라는 100명의 아들을 두었고 몸이 약했던 판다 왕은 5명의 아들을 두었다. 이 왕자들을 가

르치던 선생이 바로 구루 드로나차리아(Dronacharya)였다. 워낙 활쏘기를 잘 가르쳤던 이 선생은 오로지 왕족에게만 가르침을 허락해서 일반인들에게는 배움의 기회조차 주지 않았고 심지어 왕족들 중에서도 한쪽 부모의 카스트가 낮으면 학생으로 받아들이지 않았다고 한다. 자신의 자식들에게 훌륭한 가르침을 주는 이 선생에게 드리트라쉬트라 왕은 감사의 선물로 델리 근교인 구루가온을 영지로 주었다고 한다. 그의 가르침이 얼마나 위대했던지 현재 인도 스포츠계에 '드로나차리아 상'이 있다. 매년 가장 우수한 코치에게 드로나차리아 동상과 상금을 주고 그해 최고의 선수에게는

한두사원 프로젝트를 위해 찾았던 시틀라 마틀라 사원 입구. 가운데 백발의 여인이 나의 선생님이다.

드로나차리아의 가장 우수한 학생이었던 아르준을 기념하기 위해 아르주나(Arjuna Award) 상을 수여하고 있다. 이 제도는 1985년에 시작되어 현재까지 계속 이어지고 있다.

또한 선생님의 마을이라는 설을 증명이라도 하듯 드로나차리아의 부인인 크리피(Kripi)가 세웠다는 스리 마타 시틀라 데비(Shri Mata Sheetla Devi) 사원이 올드 구루가온 지역에 있다. 여기를 기점으로 주변 전체가 옛날 구루가온의 지역의 중심지라고 볼 수 있다. 인도에 살다 보면 별 요상한 경험을 다하게 되는데 이곳이 그중 하나다. 뉴델리에서도 볼 수 없는 고층빌딩

이 즐비한 구루가온 신시가지에서만 살다가 이곳을 가게 되면 도로 자체가 시간여행 통로 같은 느낌이 든다. 광속의 차를 타고 19세기 인도로 돌진하는 신기한 경험을 하게 된다. MG 로드를 중심으로 쇼핑몰이 펼쳐진 현재의 구루가온을 곁에서 보면 최첨단 상하이 빌딩 지역처럼 보이지만, 바로 그 빌딩 앞은 흙먼지가 폴폴 날리는 오프로드나 마찬가지고, 몇 달 동안 단골로 과일을 사다 먹었어도 결정적인 순간이면 값을 속이는 사기꾼들이 득실거리는 비정한 도시가 아니라 오랜 역사와 고유문화를 간직한 도시라는 사실을 깨닫게 된다. 델리도 뉴델리와 올드델리가 있듯이 구루가온도 마찬가지다. 특히 사원 앞에 펼쳐진 광경은 옛날 구루가온의 정취를 한껏 느끼기에 충분하다. 사원을 돌면서 감탄했다. 어쩌면 이렇게 쉽게 시간 여행을 할 수 있을까. '3년 동안 구루가온에 살면서도 이런 곳이 있다는 사실도 몰랐구나' 하는 생각도 들었다.

우리나라도 유명 사찰에 가면 입구에 기념품점이 늘어서 있는 것처럼, 사원 주변에는 온통 제단에 바칠 물건을 파는 가게가 즐비하다. 특히 월요일과 화요일이 되면 사원에 들어가려는 사람들로 발 디딜 틈도 없다. 매년 3월과 7월에는 커다란 축제가 벌어지기도 하는데, 큰길 사이로 자동차만 지나가지 않는다면 18세기나 19세기 인도의 어디쯤 와 있는 듯한 착각이 들 정도로 인도다운 곳이다. 이곳은 전국적으로 유명한 사원이라서 힌두교들의 성지가 되어 매년 수많은 사람들이 다녀간다고 한다.

내가 사원에 간 날은 화요일이었는데, 길한 요일이라고 해서 사람들이 끊임없이 들어와 기도를 올렸다. 사원 정문을 통해 들어가기 힘들어 옆문으로 들어갔더니 사원 옆에 외양간이 있었다. 그곳은 사원에 거주하는 사람들이 매일 마실 수 있는 우유를 공급하기 위해 마련된 곳으로 힌두교 특유의 정서가 느껴졌다. 외양간을 지나 사원 안으로 들어가면 가부좌를 한 상이 있다. 이를 사만디(Samadhi)라고 한다. 사만디란 정좌한 채 열반에 든 성자나 승려들의 경우 열반 자세 그대로 소금과 함께 땅에 묻고 시멘트로 마무리한 다음 그 위에 똑같은 동상을 세워 기념하는 것을 말한다. 그곳을 지나면 나오는 넓은 대리석 마당 같은 곳에는 웅장한 반얀나무가 서 있는데, 나무 주위에 온통 붉은색 천이 휘감겨 있다. 그리고 사원 문을 열고 들어가면 바로 종이 보인다. 불교나 기독교의 종소리는 예배를 알리는 신성한 소리이지만, 힌두사원에서는 누군가 왔음을 신에게 고하고 '제사를 올리오니 나의 간절한 기도를 들어주세요'라는 의미이다.

종을 치고 안으로 들어가면 오른쪽에 검은 연못 같은 곳에서 연기가 피어오른다. 이곳이 바로 '하완 쿤드(Hawan Kund)', 신성한 불이다. 사람들은 여기에 모여서 기도를 드린다. 인간에게 불은 물만큼이나 생명을 유지하는 데 필수불가결한 요소이다. 그래서인지 불을 신성시하는 것은 다른 많은 종교에서도 흔히 볼 수 있는 일이다. 이 신성한 불은 오래도록 꺼지지 않고 영원한 생명을 지니며 조상들로부터 자손에게 전해지는 축복이다.

옆의 사진이 바로 이 사원의 핵심, 시틀라 마타(Sheetla Mata)상이다. 내부를 찍은 여러 장의 사진 중에서 오직 이 한 장의 사진만 제대로 초점이 맞았다. 카메라의 성능이 생각보다 좋지 않아 실망했는데 빛이 제일 약한 상태에서 찍은 이 사진이 제일 선명하게 나온 것은 미스터리다. 신의 뜻이라

시틀라 마틀라 데비 신상이 모셔진 곳.

면 지나친 확대해석일까.

다시 좁은 문을 지나 들어가면 붉은 치마를 입고 있는 시틀라 여신상이 자리 잡고 있다. 이곳이 바로 5천 년 전부터 있었다는 사원이고 그 외의 것은 그 뒤로 계속 확장해 나간 것이라고 한다. 이 신상을 보기 위해 힌두교도들은 여기저기서 성지순례를 하러 오는 것이다. 사람들은 각자 원하는 바를 소원하며 여신에게 절을 한다. 나는 절하는 대신 열심히 사진을 찍었

신도들이 바친 공물로 채워진 사원의 방은 발 디딜 틈도 없다.

다. 원래 촬영은 금지되어 있었지만 같이 간 릴리(Lily) 선생님 덕분에 신전 안에서도 급한 대로 사진을 찍을 수 있었고, 힌두 승려로부터 행운이 온다는 붉은 숄, 츄니를 선물로 받았다. 내가 받은 츄니는 누군가가 신에게 바친 것이지만 그것은 다시 신의 선물로 내게 전해졌다. 신도들이 신에게 바친 모든 것들이 그렇게 돌고 돈다. 한 달 동안 사람들이 공양한 것을 모아 음식은 가난한 자에게 주고 또 그 외 것들은 다시 상인에게 팔고, 그 상인은 다시 신자들에게 팔고…. 생명의 법칙처럼 모든 물건들도 순환한다.

시틀라 여신상에게 기도를 드리고 나면 여러 힌두 신을 모신 곳이 나온다. 그곳을 돌아 다시 밖으로 나오면 사원 참배는 끝이 난다. 아무리 저녁 때라도 이 더위에 달궈질 대로 달궈진 대리석 바닥은 마치 불 위를 걷는 것처럼 뜨거웠다. 가장 더운 4, 5, 6월에는 보통 40도가 넘고 극심하게 더운 날은 45도에서 50도를 육박하기 때문에 우리의 상상을 초월한다. 오죽하면 집안 거실에 있는 대리석도 바닥에 온돌을 깐 것처럼 뜨거워서 발을 제대로 딛지 못할까. 그러니 외부에 있는 힌두사원은 고기 굽는 불판만큼 뜨거워져 맨발로 걷는 것은 고행이나 다름없다. 그런데 신기한 것은 나는 까치발을 딛고도 팔딱팔딱 뛰는데 인도인들은 아무렇지도 않은 듯 사원 곳곳을 여유롭게 다닌다. 힌두사원을 방문하기 어려운 이유 중 하나가 바로 신발을 벗어야 한다는 점이다. 우리의 전통 사찰과는 너무나 다른 분위기라 주저하는 경우도 많다. 자세히 살펴보면 공통점이 많음에도 불구하고 낯설게 여겨지는 이유가 바로 정돈되지 않은 사원의 모습 때문이다.

모든 것을 뒤로 하고 사원 첨탑 위에는 힌두교를 상징하는 붉은 깃발이 펄럭인다. '힌두사원 프로젝트' 사진전과 책 출간에는 릴리 선생님의 도움이 굉장히 컸다. 선생님이 아니었다면 오랜 시간 하나의 프로젝트에 전념하지 못했을 것이다. 선생님과 함께 다닌 사원은 내가 관광객으로 접근했을 때 알 수 없었던 세세한 것까지 보고 느낄 수 있는 좋은 기회였다. 이런 것을 두고 운명적인 만남이라고 할 수 있지 않을까. 구루가온에서의 삶은 릴리 선생님을 만나기 전과 후로 현격히 달라졌다.

그 옛날 왕이 드로나차리아 선생에게 고마움의 표시로 준 땅이 이제는 희망의 미래도시가 되었다. 5천 년 전 구루가온을 존재하게 한 드로나차리아가 밀레니엄 신도시 전철역 이름으로 부활한 것을 보니 전철이 개통되는 그날 구루가온이라는 도시가 긴 잠에서 깨어나 새로운 전설을 쓰기 시작할 것이다. 만일 내가 10년 뒤 다시 구루가온을 방문하게 된다면, 그 사이 어떤 전설이 만들어졌을지 기대된다.

보리수 그늘 아래

인도에 살 때 아파트 안에 아주아주 커다란 나무 한 그루가 있었다. 매일 아침 아이를 유아원에 데려다 주기 위해서는 이 나무를 지나쳐야 했지만 일상이라는 울타리 안에서 그 나무는 아파트 인도를 가로막는 거추장스러운 나무에 지나지 않았다. 물론 희한하게도 나무 밑둥에는 매일 꽃이나, 촛불, 염주 등등 새로운 제물이 놓여 있어 범상치 않은 나무라는 막연한 생각은 있었지만 그 실체는 알지 못했다. 이렇듯 일상은 스쳐 지나갔고 주변의 많은 일들에 무심했다. 일상의 울타리 안에 들어 있는 모든 사물들은 엑스트라에 지나지 않아 세상사람들의 이목을 집중시키는 주연배우의 역할을 할 수 없다. 그게 일반적인 일이지만 아주 가끔은 톡톡 튀는 매력으로 엑스트라 중에서 감독의 눈에 띄어 주연배우로 급상승하는 경우도 있다. 이 보리수나무처럼 말이다.

어느 날 살인적인 무더위를 피해 대형서점에 갔다가 델리의 가로수에
관한 책을 샀는데, 무심코 제일 먼저 펼쳐본 페이지에 피팔(peepal) 나무가
있었다. 책 속의 나무를 보고는 '어? 어디서 많이 봤는데' 하는 생각이 들
었다. 나무라는 것이 잎사귀에 따라 종류가 달라지는데 끝이 뾰족한 것이
낯설지가 않았다. 혹시나 하는 생각에 아파트 안에 있던 나뭇잎을 주워다
가 책과 비교해 보니 역시나 같은 나무였다. 보리수나무 잎의 특징은 하트
모양의 잎이라는 점과 그 끝이 마치 휘어진 바늘귀처럼 날카롭다는 점이
다. 거짓말 안 보태고 실만 꿰면 바로 바늘로 쓸 수 있을 정도다.

나무의 실체를 알게 된 날부터 나는 유심히 지켜보았다. 아침에 보면 우
리나라 성황당처럼 커다란 나무 밑에 항상 기원의 흔적이 있었다. 이 나무
에 물을 주거나 제물을 바치면 자손이 번성하고, 슬픔이 사라지며, 병이 낫
는다는 믿음 때문이다. 내가 제일 궁금했던 점은 붉은 실로 나무를 칭칭 감
아놓거나 나무 사이사이에 붉은 천을 달아놓은 것이었다. 그것은 아들을
낳게 해달라는 여인들의 염원이라고 했다. 우리나라보다 남아선호사상이
훨씬 더 심한 인도에서 아들은 여자를 생존하게 하는 존재의 이유였던 것
이다. 이 모든 소원을 들어 주는 나무를 신성시할 수밖에 없다. 오죽하면
보리수나무를 베는 것은 브라만을 살해하는 것과 똑같은 처벌을 받을까.
우리 아파트 단지에 있던 나무도 사람들이 다니기 불편할 정도로 심하게
인도를 침범하고 있었으나 베이지 않았다. 인도 도로를 다니다 보면 차의
흐름을 방해하는 일이 있을지라도 나무가 도로 바로 옆에 당당히 버티고
있는 것을 볼 수 있다. 나 역시 가끔은 마음속으로 이 영험한 나무에게 기

도를 드리기도 했다. 힘들고 지친 인도 살이에서 이 나무를 바라보는 것만으로도 커다란 힘이 되었다. 좁은 아파트 실내에서도 나무가 커가는 모습을 보는 것 자체가 힐링이 되듯 말이다.

신성한 나무 보리수.

그런데 신기하게도 이 나무가 보리수라는 사실을 처음으로 알았을 때 내 입에서는 자동으로 이 노래가 흘러나왔다.

'성문 앞 우물 곁에 서 있는 보리수, 나는 그 그늘 아래 단꿈을 꾸었네.'

보리수나무 하면 부처님보다 먼저 중학교 때 배운 슈베르트의 가곡이 떠오르는 것을 보면 사춘기의 기억은 대단히 강력한 것 같다. 사실 슈베르트의 가곡의 보리수와 부처님의 보리수는 완전 다른 나무라고 할 수 있다. 부처님의 보리수는 우선 그 크기에서 인간들을 압도한다. 백 년도 못 살면서 천 년을 살 듯 탐욕을 부리는 인간들의 오만을 비웃기라도 하듯 어마어마하게 크게 자란다. 10층 높이까지 큰 나무도 있고, 여러 명이 힘을 합쳐도 나무 둘레를 잴 수 없을 만큼 굵은 나무도 있다.

힌두교에서는 자연의 모든 생명을 존중하지만 특히 신성하게 여기는 나무가 있다. 그중에 제일은 보리수와 반얀나무다. 부처님의 나무로 알려진 보리수나무는 힌두교 트리니티 중 한 명인 보존의 신 비슈누의 나무다. 비슈누의 9번째 화신이 부처라는 점을 근거로 보면 그 연관성이 매우 크다. 우리에게 힌두교는 이슬람보다 더 낯설게 느껴지지만 사실은 정반대다. 왜냐하면 우리의 역사 속에 뿌리내린 불교가 힌두교에서 왔기 때문이다. 힌두교를 알면 알수록 불교와 비슷한 점이 많아 무엇이 먼저이고 나중인

완연한 봄인데도 앙상한 가지로 남아 있는 보리수.

지 혼란스럽기까지 하다. 힌두교의 최대 아킬레스건인 카스트제도에 대한 반감으로 불교가 태어났다는 설만 봐도 알 수 있듯이 불교의 베이스는 힌두교이다. 역사적으로도 기원전 3천 년 전 인더스 문명의 한 갈래였던 모헨조다로(Mohenjo-Daro) 문명에서도 보리수나무를 신성시했던 흔적이 있다고 한다. 또한 부처님이 태어나기 전 베딕시대부터 힌두교인들이 이 나무를 숭배해왔다.

힌두교 경전에 이런 말이 있다.

"나무를 심고 보존하는 일은 자식을 키우는 것과 같아서 길이길이 그 이름이 기억되고 존경을 받을 것이다. 평화와 번영을 주는 나무를 심을지어다."

인도에서는 보름달이 뜨는 날이면 다양한 행사가 열린다. 그래서 부처님의 생일 공식 명칭은 Buddha Purnima Jayanti. 여기서 푸르니마는 보름, 자얀티는 생일이라는 뜻이다. 낮에 폭염에 시달리다가 밤이면 그나마 조금은 선선해서인지도 모르겠다. 더군다나 보름달이 뜨면 활동하는 데 크게 지장이 없어서 축제를 열기에는 안성맞춤이다. 부처님이 보리수나무 밑에서 깨달음을 얻었다고 하는 날도 5월 보름 새벽 3시 30분경이라고 한다. 신기한 점은 이 보리수나무가 가을이나 겨울에 낙엽 지는 일 없이 5월 보름쯤 갑자기 잎이 시들시들하다가 한꺼번에 다 떨어지고, 낙엽의 추억을 되새기기도 전에 새순이 곧바로 돋아난다는 것이다. 우리가 그동안 익히 알아왔던 나무의 생장주기와는 전혀 다른 모습이다. 더욱더 놀라운 것은 잎사귀가 연초록으로 야리야리하게 돋아나는 것이 아니라 붉은 단풍잎처럼 나와서 다 자라면 진초록으로 변한다는 것이다. 인도는 나무마저도 우리의 상식을 초월한다.

이 나무는 신성하기도 하지만 그 쓰임새 또한 이루 말할 수 없이 많다. 인도의 전통의학인 아유르베다에서는 무려 50여 가지의 질병에 효과가 있다고 한다. 잎을 말려 갈아 먹으면 천식에 좋고, 기름과 함께 잎을 끓인 물은 상처 치료에 좋다. 또한 당뇨병은 물론 불임에도 좋다고 한다. 열매 역시 치료효과가 있지만 배고픈 새들에게 먹이가 되기도 하고, 나무 그늘은 더위에 지친 이들에게 안식처가 되어 주기도 한다. 길 옆 잘 보이는 곳의 커다란 보리수는 하나의 건물처럼 그 아래서 사원을 만들기도 하고, 이발소를 차리기도 한다.

인간의 뇌 속에는 작은 공 모양의 송과체라는 것이 있어 뇌의 활동을 돕는다. 여기서 나오는 화학성분이 이해력과 지적 능력을 자극하는데 그 성분이 보리수나무 잎으로 만든 주스에 많이 들어 있다는 과학적인 연구 결과가 있다. 머리를 좋게 해준다는 브람미 허브에도 같은 성분이 들어 있다고 한다. 인도 살 때 서울 갈 일이 생기면 선물 사는 것이 큰 숙제 중 하나였는데, 그때 가장 인기 있던 품목이 허브 비누와 히말라야라는 제약회사에서 나오는 약이었다. 간장약과 함께 브람미라는 약을 사달라는 사람이 몇몇 있었다. 브람미가 알츠하이머에도 효과적이라는 연구결과가 발표되었지만, 한두 번 먹는다고 금방 기억력이 좋아지는 것이 아니라 꾸준히 먹어야 하는 이유로 인기는 금방 시들해져 버렸다.

사원 안에 자리 잡고 있는 거대한 보리수.

인도, 신화로 말하다

부처님이 깨달음을 얻었다는 나무는 현재 없지만 기원전 288년경에 그 가지가 지금의 스리랑카 북쪽(Anuradhapura) 한 사원에 이식되었다고 한다. 그 가지는 자라서 나무가 되었고 부처님이 연관된 나무라서 스리 마하 보리수(Sri Maha Bodhi)로 존경을 받았다. 그와 함께 전해 내려오는 이야기가 있는데, 실론(Ceylon)의 지배 왕조는 스리 마하 보리수가 살아 있는 동안은 왕조 역시 번영할 것이라는 믿음을 가지고 밤낮으로 나무를 보호했다.

그래서인지 1,300년 동안 116명의 싱할라(Sinhala) 왕들이 이 지역을 통치했으나 9세기 말에 외부의 침입으로 그 도시는 사라지고 왕조는 더 이상 존재하지 않게 되었다. 울창한 정글에 묻힌 그 도시는 오랫동안 잊혀졌다가 20세기에 들어서 다시 사람들에게 발견되었다. 그런데 놀랍게도 그 나무는 2,000년 동안 그 자리에서 그대로 자라고 있었다고 한다. 지금 현재도 많은 관광객과 순례객들이 참배하는 중요 유적지가 되었다.

인도에서 많이 보게 되는 보리수나무와 반얀나무. 나무의 특징을 조금만 알고 가도 그냥 길 옆이나 사원에 대충 심어져 있는 나무가 아니라 각각의 특징을 가진 크고 위대한 나무라는 생각에 달리 보일 것이다.《우파니샤드》에서는 피팔 나무의 열매를 육체와 영혼으로 비유하고 있다. 말랑말랑한 과일 속에 단단한 씨앗이 자리 잡고 있듯 우리의 여린 몸 안에는 영혼이 자리 잡고 있다는 것이다. 인도 여행 중 기회가 된다면 보리수나무 그늘 아래서 육체와 영혼에 대해 고민해 보는 것도 좋을 듯하다.

옆으로 자라는 나무에게
소원을 빌어 보자

　나무는 위로만 자란다는 고정관념을 버리자.

　옆으로 자라는 나무가 있다. 호박넝쿨이나 고구마줄기도 아니고 나무가
어떻게 옆으로 자란다는 것일까? 그 시작은 다소 보잘것없다. 나뭇가지 사
이에서 갈색 실처럼 가느다란 것이 바람을 타고 살랑살랑 내려온다. 거짓
말 조금 보태면 바늘귀에 꿰어 천을 꿰맬 수 있을 정도이다. 그렇게 얌전히
내려온 실이 일단 땅에 단단히 고정되고 나면 자기가 언제 실이었냐는 듯
이 금세 잭의 콩나무처럼 쑥쑥 자라나서 나뭇가지를 지키는 튼튼한 기둥
뿌리가 된다. 태풍에 가지가 부러질까 걱정되어 사람들이 기둥을 받쳐 놓
은 것은 보았어도, 저 스스로 기둥을 만들어서 자라는 나무 이야기는 들어
본 적 없을 것이다. 무시무시한 괴물 나무인가. 옆으로만 자라는 이 나무는
과연 얼마만큼 자랄까.

옛날에 동네 어귀마다 있던 느티나무를 생각해보자. 좀 오래된 느티나무 그늘이라면 대개 평상 서너 개쯤은 거뜬히 놓을 수 있어 동네 잔치하는 데 손색이 없었다. 그 정도라면 반경 10미터쯤 될까? 혹시 근처에 커다란 느티나무가 있다면 대략 발걸음으로 얼마 정도 되는지 재어 보시길. 보통이 이 정도라면 정말 큰, 아주 어마어마하게 큰 나무는 족히 50미터는 될 것이다. 스스로 줄기를 뻗어 자라는 반얀나무(Banyan Tree)의 그늘은 얼마나 넓을지 추정해 보자. '50미터? 에이 설마, 무슨 나무 그늘이 50미터까지 갈 수 있어. 아무리 인도라지만 너무한 거 아냐? 50미터면 100미터 달리기의 절반 거리인데.' 여기까지가 온대지방에 살고 있는 우리의 한계다. 나무 그늘이 겨우 50미터라면 뭐 별로 신기할 것도 없다. 인도니까. 그 정도쯤이야. 그렇다면 100미터? 그럴 리가, 아무리 나무가 커도 유분수지, 그래도 나무인데…. 100미터라면 학교 운동장 하나가 들어가겠다. 규모가 작았던 나의 중학교는 100미터가 채 되지 않아 80미터를 뛰고 그 시간을 환산해서 체육점수를 매겼는데, 그보다 더 큰 나무가 이 세상에 있을 수 있다는 말인가.

답은 '그렇다'이다. 현재 가장 큰 반얀나무는 인도 안드라 프라데시 주에 있는 수령 700년 된 나무로 자그마치 그 넓이가 2헥타르가 넘는다고 한다. 2헥타르면 사방 200미터다. 그 나무 그늘 아래서 2만 명이 쉴 수 있다고 하니 더 이상 할 이야기가 없다. 기원전 327년 알렉산더 대왕이 인도에 원정 왔을 때 그의 군사 7천 명이 이 나무 한 그루 아래서 쉬었다는 역사적인 기록도 있다. 축구장 두 개가 들어갈 정도의 크기라면 이해하기 가장 쉬

울 것이다. 내 말이 정말 믿기 어렵다면 법정 스님이 인도를 여행하면서 쓰신 책의 내용을 보자.

"멀리서 보기에 웬 숲인가 했는데, 단 한 그루의 나무가 숲을 이루고 있었다."

나무가 울창하고 초록이 짙어 여러 그루가 이룬 하나의 숲처럼 보였지만, 나무 그늘 아래로 들어가 보니 그것이 하나의 가지에서 비롯되었음을 깨달은 것이다. 하나의 거대한 숲도 알고 보면 한 톨의 씨앗에서 출발하지만 말이다. 그리고 계속해서 다음과 같은 이야기가 나온다.

가느다란 줄기가 뻗어 나와 땅에 닿은 뒤 커다란 나무 기둥으로 변화되는 과정.

"수령이 224년이 넘는 나무인데, 한 나무에서 가지가 뻗어 나와 둘레가 420미터나 되는 숲을 이루었다. 나무를 보호하기 위해 쳐 놓은 철책 밖으로까지 넓게 번진 걸 보면 이제는 그 둘레가 거의 500미터는 될 것 같다. 그중 가장 높은 줄기가 24.5미터. 이 나무 의 특징은 가지에서 뿌리가 내려 땅에 닿으면 그대로 기둥뿌리가 되어 나뭇가지들을 스스로 받치도록 되어 있다."

콜카타 식물원에서 현재도 끊임없이 자라고 있는 이 반얀나무에 대해 좀 더 덧붙이자면, 그 둘레는 1.6헥타르에 이르고 기둥만 100개가 넘고 뻗 어나가는 줄기뿌리는 1,775개에 이른다고 한다.

이 나무를 보면서 제임스 카메론 감독의 영화 〈아바타〉에 나오는 나무

옆으로 자라는 나무에게 소원을 빌어 보자

가 생각났다. 영혼의 나무로 나비족의 구심점이 된 이 나무의 원형이 바로 반얀나무가 아닐까 생각해보았다.

이처럼 막무가내로 커가는 반얀나무는 바로 인도의 국가 나무이기도 하다. 어쩐지 좀 으스스하다. 인도의 그 넓은 땅덩이와 다양한 민족의 존재를 이 나무가 말해주고 있는 것 같아서다. 어찌 보면 인도인의 성격과 유사한 면이 있다. 시작은 그냥 평범한 이웃이었으나 시간이 갈수록 상대방의 것을 차지하려는 모습, 처음에는 소박한 웃음을 지으며 접근했다가 일단 자기 손아귀에 들어왔다고 생각되는 순간 무조건 원하는 대로 해버리는 습성이 그렇다. 또한 세계 어디를 가나 인도인들은 원주민보다 더 질긴 근성으로 그곳에 뿌리를 내리고 살아간다. 이 나무의 무지막지한 야욕을 막기 위한 방법은 오직 한 가지, 실처럼 가느다란 줄기가 땅에 닿지 못하도록 그 끝을 묶어 버리는 것이다. 그래서 가로수로 심어 놓은 이 반얀나무를 보면 온몸에 실을 칭칭 감고 있는 괴기한 모습을 한 것도 있다.

옛날 구자라트에서 상인을 지칭하는 말은 'Banya'였는데 포르투갈 상인이 와서 그들과 무역을 할 때면 꼭 이 나무 아래서 상담을 했다고 한다. 그래서 포르투갈 상인은 그 나무가 반얀인 줄 알고 사람들에게 그렇게 알려주었고, 1634년 영국 작가가 사람들이 모여 마을회의를 하거나 물건 파는 곳을 이야기하다가 나무 이름을 반얀이라고 전하게 되었다는 것이 이 나무 이름의 어원이다.

힌두교에서는 동식물을 의인화하고 신성하게 여기는 경우가 많다. 그중에서 가장 추앙받는 나무 두 종류가 있는데, 하나는 부처님이 깨달음을 얻었다는 보리수이고, 나머지 하나가 바로 이 반얀이다. 특히 반얀나무는 소원을 들어주는 나무로 유명하다. 시바는 나무 아래서 명상을 하고 크리슈나는 아기가 되어 반얀 잎사귀에 누워 있는 모습의 그림을 볼 수 있는데, 세상이 다 파괴되고 난 뒤 크리슈나는 반얀 잎사귀에 누워 있을 만큼 아주 작은 아기가 되어 바다 위를 떠돌며 혼돈이 어느 정도 수습될 때까지 기다리는 것이다(어떤 책에는 반얀나무로, 또 어떤 책에는 보리수라고 되어 있다).

대부분의 힌두사원에는 반얀나무와 보리수 한 그루씩이 있는데, 반얀나무는 시바의 나무답게 남성성을 상징하고 보리수는 여성성을 상징하여 늘 암수 한 그루씩 있다. 사람들은 이 두 나무를 소원성취(wish-fulfilling) 나무라 여겨 신성시하며, 나무 아래에 촛불이나 향을 피워 놓고 소원을 빈다.

반얀나무나 보리수에 붉은 실이 칭칭 감겨 있는 것을 볼 수 있는데, 반얀나무의 실에는 사연이 있다.

사비트리(Savitr)라는 공주가 있었다. 사비트리는 아버지의 반대를 무릅쓰고 왕위에서 쫓겨난 아버지를 둔 왕자와 결혼했는데, 문제는 그가 결혼하면 1년 안에 죽는다는 무시무시한 예언 속의 불운한 인물이라는 데 있었다. 그럼에도 불구하고 왕자를 너무도 사랑한 사비트리는 결혼을 강행했다. 얼마 지나지 않아 예언대로 반얀나무 밑에서 기도하던 남편의 영혼을 죽음의 신 야마가 와서 갈고리로 꺼내가 버리고 만다.

남편을 지키기 위해 한시도 떨어져 있지 않았지만 죽음의 신 앞에서 그 모든 노력이 무용지물이었다. 그러나 야마 앞에서도 기죽지 않은 용감한 아내 사비트리는 저승까지 쫓아간다. 아직 죽을 때도 안 된 예쁘장한 여인

옆으로 자라는 나무에게 소원을 빌어 보자

스스로 자신의 몸집을 키워간 반얀나무의둘레가 장당하다

이 계속 따라오자 심기가 불편해진 야마는 세 가지 소원을 들어줄 테니 더이상 따라오지 말라고 한다. 그러자 사비트리는 우선 대를 이을 후손이 없어 근심하는 친정아버지에게 아들을 내려달라고 했고, 두 번째는 시아버지가 잃어버렸던 왕국을 되찾게 해달라고 했다. 그리고 마지막 소원은 남편의 아들을 낳아 어머니가 되고 싶다고 했다. 야마는 호기롭게, 뒷일은 전혀 고려하지 않은 채 모든 소원을 들어주겠다고 큰소리를 쳤다. 소원을 들어주었으니 안 따라오겠지 하고 뒤를 돌아보니 여전히 졸졸 따라오는 사비트리를 보고 야마는 기절할 듯 놀라 소리쳤다.

"아니, 소원을 다 들어주었는데 왜 또 따라오느냐?"

"어머니가 되려면 남편이 있어야죠. 남편 없이 혼자 어떻게 아들을 낳겠습니까?"

야마는 죽음의 신이기도 하지만 정의의 신이기도 하다. 한 번 정한 약속은 꼭 지켜야 할 업을 가지고 있는 신이다. 자신이 한 약속을 지키기 위해 어쩔 수 없이 사비트리의 남편을 이승으로 돌려보내야만 했다. 그래서 사비트리는 아들딸을 낳고 남편과 오래오래 행복하게 살았다는 전설이 내려온다.

이처럼 용감한 아내를 기리기 위해 힌두교 여인들은 5월이나 6월, 보름달이 뜨는 날 목욕재계하고 새 옷을 입은 다음 반얀나무 주위를 108번 돌며 기도를 올린다. 남편이 무병장수하고 행복하게 해달라는 소원을 비는 것이다. 결론은 과부가 되지 않게 해달라는 이야기다.

옛날 인도에는 '사티(sati)'라는 악습이 있었다. 영국인이 식민지 인도에

와서 경악할 만큼 놀란 것이 남편이 죽으면 화장할 때 살아 있는 아내를 그 장작더미로 밀어 넣어 함께 화장하는 일이었다. 고통 중에 가장 심한 것이 화상이라고 한다. 살아 있는 사람을 불구덩이에 집어넣으니 그 비명소리가 얼마나 처절하겠는가. 고통스러워하는 여인들을 보고 이 악습을 철폐하기 위해 많은 영국인들이 애를 썼지만, 지금까지도 시골에 가면 이런 일이 종종 벌어진다고 한다. 때문에 남편의 안녕은 아내의 생존과 직결되는 문제였다. 남편을 위한 기도는 곧 자기 자신을 위한 기도나 마찬가지다.

반얀나무를 직접 보면 그 거대하고 신비로운 나무의 외관에 절로 뭔가를 빌고 싶은 마음이 생긴다. 우리나라의 당산나무와 같은 맥락인 것이다. 인간의 수명이 100년이라고 해도 나무의 수명에 비하면 보잘것없다. 몇백 년은 기본이요, 천 년을 넘게 사는 나무도 있기 때문이다.

어떤 식으로 나무에게 소원을 빌어야 이루어질까. 답은 사비트리와 야마의 대화 속에 있다. 만일 사비트리가 첫 번째 소원으로 남편과의 사이에서 아이를 갖게 해달라고 했으면 야마는 단칼에 "안 돼! 죽은 사람이 어떻게 아이를 낳겠느냐?"라고 대답했을 것이다. 지혜로운 사비트리는 자신과 전혀 상관없는 친정아버지를 위한 소원을 먼저 말해 효녀의 이미지를 만들어 놓고, 그다음 두 번째 소원 역시 시아버지를 위해 소원을 양보해 야마의 이성을 무장해제 시켰다. 야마가 경계심을 늦추고 있을 때 우회적으로 자신이 원하는 소원을 말했기 때문에 사비트리는 성공할 수 있었다.

천국과 지옥은 멀리 있지 않다. 사람 키만큼 기다란 숟가락으로 두 사람이 서로 먼저 떠먹으려 하면 지옥이라는 이야기가 인터넷을 떠돈다. 제아무리 용을 써도 그렇게 긴 숟가락으로는 음식을 먹을 수가 없기 때문이다. 상대방에게 떠먹여 주면 서로서로 배고픔을 면할 수 있고 그곳이 바로 천국이라는 이야기다.

나는 방향이 조금만 달라도 차를 태워달라는 부탁을 하지 못할 정도로 누군가에게 '나'를 위한 부탁을 하는 데는 소질이 없지만, 다른 사람을 위한 부탁은 곧잘 한다. 가까운 사람들이 행복해야 나 역시 순수한 마음의 평화를 얻을 수 있다. 나 혼자만의 행복은 불완전한 행복으로, 모두가 행복해야 평화가 오래 유지되는 것이다.

이루고자 하는 소망이 있을 때 주변 사람들을 위한 기도부터 해보자. 서로를 위하는 마음이 모이면 소망이 이루어질 확률도 높아지지 않을까?

인도, 신화로 말하다

거리의 소는 누가 키우나

인도에 도착해 처음으로 아스팔트 바닥에 드러누워 있는 소를 보고 반사적으로 외쳤다.

"우아! 진짜 차들이 소를 피해 가네!"

예전부터 인도에서 소를 귀히 여긴다는 이야기는 들어왔지만, 그건 그냥 옛날 이야기인줄 알았지, 요즘 세상에도 마찬가지일 거라는 상상은 하지 못했다. 그런데 정말 소들이 도로 중앙에 버티고 누워 차들이 지나가든 말든 신경조차 쓰지 않고 있었다. "우린 바쁜 거 없으니 알아서들 비켜 가쇼~"하듯이.

유유자적한 소들을 볼 때마다 나는 그들이 자유로운 영혼처럼 보였다. 차량의 흐름을 막는 훼방꾼이 아니라 그저 세상을 떠도는 방랑자 같았다. 사실 소를 피해서 몇 분 일찍 간다고 인생이 달라지지는 않는다. 차를 멈추

푸시카르 시장에서 소와 함께 걷고 있는 청년의 뒷모습.

는 것이 아니라 잠시 생각을 멈추면 될 일이다. 거리를 활보하는 소들을 만나면 늘 같은 질문이 머릿속에서 맴돈다. 도대체 무슨 이유로 인도인들은 소를 숭배하는 것일까. 신성해야 할 사원 옆에는 지저분한 환경에서 소와 사람들이 같이 살고 있어 고약한 냄새가 진동한다. 바쁜 출근시간 거리를 지나는 소들에게 정성스러운 손길로 음식을 먹여주는 아가씨를 본 적도 있다.

도시 곳곳에 널린 쓰레기 더미에서 찾아낸 비닐을 씹는 소가 있는가 하면, 한가하게 차이(Chai, 인도식 홍차)와 바나나를 먹는 인도인 옆에서 껍질이라도 받아먹으려고 두 눈을 껌벅거리며 기다리는 소도 있다. 시골이 아닌 도시에서 소를 보지 않고는 단 하루도 보낼 수 없는 곳은 지구상에서 인도뿐일 것이다. 소의 지위가 얼마나 높은지 보여주는 예로, 소를 죽이면 브라만을 죽였을 때와 마찬가지로 사형에 처해지게 된다. 힌두교에서 가장 큰 죄는 사제인 브라만을 죽이고 그의 재산을 훔치는 것이다. 그만큼 카스트의 최상위 계급인 브라만은 거의 신적인 존재로 대접받는다. 창조주 브라마가 제일 먼저 만든 생명이 브라만이고 그다음 만든 것이 소라고 전해질 정도로 소의 위치는 대단하다.

도시의 무법자 같은 소를 인도인들이 신성하게 여기는 이유는, 우선 소의 경제적 가치에 있다. 소의 효용성은 크게 다섯 가지로 요약된다. 우유, 커드(curd, 요플레와 비슷), 기(ghee, 버터와 비슷한 기름), 소오줌, 소똥이다. 인도에서는 우유가 거의 주식이나 마찬가지여서 우유가 떨어지는 것은 우리나라에서 쌀이 떨어지는 것과 마찬가지다. 우유가 없으면 차이는 물론 음식도 만들 수 없다. 커드 역시 후식을 만들 때 꼭 필요하고 음식에 넣기도 한다. 기는 제사를 지낼 때 쓴다. 여기까지는 충분히 이해가 간다. 우리가 좀 이해하기 힘든 것이 소의 오줌과 똥이다. 소오줌은 약재로도 쓰이고 일부 지방에서는 음료수처럼 마신다고 하니, 소에 대한 인도인들의 애정이 얼마나 맹목적인 것인지 알 수 있다. 유튜브에 들어가서 'cow urine'이라고 검색하면 관련 동영상이 나오는데, 소가 누는 오줌을 그 자리에서 컵에 받아 마시는 동영상도 있다. 아무리 신성하다 해도 소오줌을 받아 마시는 것은 이해하기 어렵다. 그러나 소똥은 경우가 좀 다르다. 그것은 자연친화적인 연료일 뿐 아니라 바닥에 바르면 벌레가 꼬이지 않고 비료로도 쓸 수 있으니 여러모로 유익하다. 다섯 가지 외에도 소는 죽어서까지 인간에게 모든 것을 나눠준다. 소가죽과 뼈는 생활도구를 만드는 데 유용하다.

현실적으로도 소와 자동차가 충돌할 경우 소의 큰 체구로 인해 자동차는 물론 차에 탄 사람들까지 크게 다칠 수 있으니, 소를 무시하고 운전하면 큰 손해를 볼 수밖에 없다.

인도인들의 삶에 소가 깊숙이 자리 잡고 있고 효용가치가 크기 때문에 소를 죽이는 것은 인도 대부분 지역에서 엄격히 금지되어 있지만, 남서부 케랄라(Kerala) 주에서는 허용되는 곳이 많고 그 외에 이슬람교도들도 소를 죽일 수 있다. 문제는 우유도 생산하지 못하고 길거리를 배회하는 수소나 나이 많은 소들이다. 특히 한낮에 전철 기둥 옆 그늘에는 소들이 무리 지어 자리 잡고 있다. 그럴 때마다 드는 생각, 소는 누가 키울까? 그런 소들은 대부분 스스로 알아서 연명하거나 수많은 종교 단체에서 쉼터와 먹이

를 제공하기도 한다. 그 소들이 핍박받지 않고 도심을 활보할 수 있는 이유는 힌두교의 신화 때문이다.

　가장 대표적인 것은 '카마데누(Kamadhenu)'로, 여성의 얼굴에 소의 몸통, 등에는 날개가 달려 있고 공작새 꼬리를 가진 '소원을 들어주는 소(wish-fulfilling cow)'이다. 이 소는 모든 가축의 어머니일 뿐 아니라 심지어는 신들의 어머니라고 추앙받는다. 어머니라는 존재는 무엇인가. 아기가 말을 하지 않아도 무엇을 원하는지 알아채고 그것을 들어주는 전지전능한 신이나 마찬가지다. 갓 태어난 아기에게 엄마가 없다면 아기는 생존의 위협을 받게 된다. 어머니와 소의 공통점이 있다면 자식들에게 모든 것을 아낌없이 준다는 것이다. 어머니 같은 존재인 카마데누에게 소원을 빌면 다들어준다고 믿는 것도 일리가 있다.

소의 세 번째 임무는 죽음의 동반자 역할이다. 우리는 망자(亡者)에게 저승길 가는 동안 쓰라고 노잣돈을 주거나 힘내서 가라고 입에 쌀알을 넣어 주지만, 인도에서는 소의 꼬리를 손에 쥐어 준다. 죽음의 신 야마(Yama)가 살고 있는 곳까지 가려면 망각의 강, 바이타라나 강을 건너야 하는데 소가 안전하게 인도해 준다고 믿기 때문이다. 물론 죄를 짓지 않고 선하게 산 사람은 피와 고름, 동물의 사체가 둥둥 떠다닌다는 이 강을 건너지 않아도 된다지만, 이 세상에 태어나 아무런 죄도 짓지 않고 신선처럼 살다 갈 사람이 몇 명이나 될까.

평범한 중생들은 알면서도 죄를 짓고, 모르면서도 죄를 지을 수밖에 없는 운명을 타고났다. 좁고 어두운 자궁 안에서 살다가 태어날 때는 가족들의 축복을 받으며 찬란한 빛의 세계로 나오지만, 죽을 때는 그 누구도 알 수 없는 어둠의 세계를 향해 홀로 걸어가야 한다. 암흑의 나락으로 떨어지기 때문에 죽음은 모든 인간들에게 공포로 다가온다. 제아무리 사랑하는 사람이 있어도 죽음까지 함께할 수는 없다. 자식에게 모든 것을 다 해주고 싶은 어머니의 마음도 저승까지 따라가지는 못한다. 눈이 먼 것처럼 아무것도 볼 수 없는, 그 멀고도 험한 길에 우직한 소의 꼬리라도 잡고 갈 수 있다면 그보다 더 큰 위안은 없지 않을까.

우리나라에서는 소를 보는 일이 점점 어려워지고 있다. 시골에 가도 여러 가지 전염성 질병을 이유로 외양간에 접근하기가 쉽지 않다. 그러나 인도는 다르다. 우리의 일상성이 전혀 통하지 않는 나라가 바로 인도다. 그래서 세계 모든 사람들에게 매력적인 관광지로 비춰지기도 한다. 도저히 상상할 수 없는 일들이 매일 벌어지는 곳 인도. 인도에 가면 길거리 소에게 먹이를 주자. 더위에 지쳐 목이 마를 때 인도인들은 길쭉한 무에 달콤새콤한 소스를 뿌려 먹는다. 그 옆을 지나가다 혹시 인도인처럼 무를 사서 먹게 된다면 주변을 한 번 둘러보고, 분명 그 근처에서 커다란 눈을 깜박거리고 있을 소를 외면하지 말고 무를 한 개 주자. 가격도 얼마 안 한다. 소를 위한 행동은 그 무엇이든지 간에 내가 쌓은 악업(惡業)을 상쇄시켜줄 만큼 가치 있는 일이다. 혹시 아는가. 나중에 세월이 흘러 이 세상을 하직하고 바이타라나 강을 건널 때 그 소가 마중 나올지.

영화 〈조다 악바르〉에 나타난
황제 악바르의 리더십

"숲 속에서는 숲이 보이지 않는다."

인도에 살 때는 인도에 관심이 없다가 서울에 돌아온 뒤, 뒤늦게 인도에 관해 혼자 공부하면서 쿨하고 멋진 남자, 아니 위대한 황제를 발견했다. 그와 사랑에 빠진 것은 물론이고 존경하게 되었다. 하지만 이런 남자는 현실에 존재하지 않는다. 호랑이를 맨손으로 때려잡고, 제국을 평화롭게 다스리고, 여인의 마음을 얻기 위해 어마어마한 권력을 사용하는 것이 아니라 여인 스스로 그의 인격에 감복해 결국 사랑에 빠지게 하고, 음악과 미술에 대한 무한 사랑으로 음악가와 화가들이 궁궐을 활보하게 하는 등 인간이 갖추어야 할 고귀한 덕목들을 모두 갖춘 그의 이름은, 잘랄루딘 무함마드 악바르(Jalaluddin Muhammad Akbar)다.

수많은 황제와 영웅이 존재하고 사라졌지만 악바르 황제만큼 훌륭한 품성을 고루 갖춘 황제는 거의 없었다. 특히 영화에서 주목한 악바르의 매력은 여인을 힘으로 정복하려 하지 않았다는 점이다. 그 절대 권력을 마구 휘두른 것이 아니라 인내심을 가지고 사랑이 찾아오기를 기다렸다는 것. 무결점에 가까운 그의 삶을 보면 경외심을 갖게 된다.

　2008년, 이 영화가 인도에서 개봉했을 때 나라 전체가 시끄러울 정도로 온통 이 영화 이야기가 넘쳐흘렀다. 이방인의 입장에서 그 현상을 제대로 이해하기 어려웠기 때문에 영화를 보지 않았다. 그러다가 인도에 대해 조금씩 알아가면서 무갈 문화가 인도에 미친 영향력이 막대하다는 사실에 놀랐고, 왜 인도는 타 민족의 지배를 받았으면서도 그것에 대한 거부감이 없을까 하는 궁금증도 생겼다. 인도인들이 무갈족의 지배를 자기들의 역사로 인정한 이유는 단 하나다. 나라의 재산을 빼돌리느냐 아니냐의 차이이다. 요즘 시대에 맞게 설명하자면, 무갈 황제는 분열된 인도라는 회사를 통합시킨 위대한 외국인 CEO였다. 회사 경영을 위해 외국에서 유능한 CEO를 영입해도 회사의 본질은 달라지지 않는다.

　그래서인지 영화 〈조다 악바르(Jodhaa Akbar)〉는 새롭게 다가온다. 그동안 책으로만 무갈 제국에 대해 공부하면서 늘 뭔가 미진한 점이 있고 머릿속에 선명히 그려지지 않았는데, 영화를 보고 나서 모든 것이 분명해졌다. 특히 인도 하면 요가, 명상, 거리의 성자, 가난한 시골 아이들의 이미지만 떠올렸다면, 무갈시대의 화려함과 인도 제국의 거대한 규모에 대해 쉽게 상상하지 못할 수도 있다. 이 영화를 보면 전혀 다른 인도를 만날 수 있다.

영화의 무대가 되었던 암베르 성 전경.

이 영화의 가장 큰 논쟁거리는 '과연 조다 바이가 정말 악바르의 아내였는지 아닌지' 하는 것이었다. 그의 아들 자항기르(Akbar et Jahangir)의 아내였다는 설이 있었기 때문에 역사적으로 고증을 제대로 하고 영화를 만들었는지 의구심을 갖게 한 것이다. 그다음 문제는 무슬림을 사악하고 충동적인 사람으로 묘사하고 힌두교도들을 미화시켰다는 점이었다. 이 점은 어느 정도 인정되는 측면이 있다. 현재 인도 대다수를 차지하고 있는 민족이 이슬람이 아니라 힌두교라는 사실을 염두에 두고 보면 이해하기 쉽다. 영화의 주 관객층이 될 힌두교들을 배려했기 때문일 것이다.

세 번째는 할리우드 영화를 표절했느냐, 아니냐 하는 문제였다. 대규모 전쟁 장면과 칼싸움 하는 장면이 거론되었다. 하지만 영화 완성도 측면에서 보면 그리 문제되지는 않는다. 이외에도 몇 가지 문제가 더 있었지만, 외국인의 입장에서는 이해되지 않는 것들이다. 이 영화는 악바르의 여러 모습 중에서도 특히 젊은 시절 황후와의 사랑이야기가 중심이기 때문에 그의 위대한 업적은 많이 생략된 측면이 있다. 악바르와 조다의 사랑이야기이지 악바르 황제의 일대기가 아니다.

사랑이야기는 언제나 흥미롭다. 그래서인지 3시간 30분이라는 긴 상영 시간이 길다고 느껴지지 않을 만큼 재미있었다. 특히 악바르 황제의 인간적인 매력은 거부하기 힘들 정도다. 이런 남자를 어찌 사랑하지 않을 수 있을까. 권력의 정점, 황제의 자리에 있었지만 한 여인의 마음을 얻기는 쉽지 않았다. 고려를 세운 왕건이 호족들과의 융화정책으로 호족의 딸들과 정략결혼을 했듯이 악바르 황제도 힌두인들과 평화롭게 살기 위해 수많은

여인들과 혼인을 하게 된다. 그가 정식으로 혼인한 8명의 아내가 있었는데, 라지푸트 왕의 딸 조다 바이는 다섯 번째 아내였다. 용맹하기로 소문난 라지푸트 족은 델리와 가까워 전략적으로 매우 중요한 위치이기도 해서 힌두교인 라지푸트 왕의 딸 조다 바이와의 결혼은 단순한 혼인이 아니라 무슬림인 무갈족과 힌두인과의 평화적인 합병이라는 의미가 있었다.

그러나 조다 바이에게는 이미 정혼자가 있었다. 제아무리 황제일지라도 마음속에 품고 있던 정혼자를 잊고 종교가 다른 남자에게 시집가야 하는 기구한 운명의 조다 바이는 슬픔에 잠겨 혼인을 거부하고 싶었지만, 자신의 희생으로 라지푸트에 평화가 올 것이라는 사실을 깨닫고 황제와 결혼한다. 그 과정에서 황제에게 무리한 요구를 한다. 이슬람 궁전에 힌두교 신전을 지어달라는 요구였다. 혼인의 파탄을 상대방에게 넘길 수 있는 절호의 찬스를 잡았다고나 할까. 하지만 우리의 위대한 악바르 황제는 말도 안되는 공주의 요구조건을 곧바로 수락한다.

조다 바이의 무례함은 여기서 끝나지 않는다. 황제와의 첫날밤을 거부한 것이다. 아직 마음의 준비가 되지 않았다는 이유에서였다. 감히 황제의 청을 거절하다니…. 조다 바이 공주 역시 범상치 않은 여인이었음을 증명하는 일화다. 스스로의 사랑과 행복을 지키기 위해 그녀는 아무도 생각지 못한 방식으로 항의한 것이다. 권력에 굴복하고 마지못해 지속하는 결혼생활, 원치 않는 사람과 살아가야 하는 것은 차라리 고문에 가깝다. 아버지를 원망하고, 힘으로 제압하는 남편을 미워하면서 평생 살아야 한다면 인생이 얼마나 불행할까.

조다 바이는 황후라는 타이틀보다 사랑하는 사람과 살아가는 것이 진정한 행복이라는 사실을 잘 알고 있었다. 한편, 강압적인 행동이나 인간의 잔인한 본성을 혐오하던 황제 역시 억지로 여인을 정복하는 것이 무의미하다는 사실을 깨닫고 자연스럽게 여인이 자신을 사랑하게 되기를 기다린다. 후에 조다 바이는 황제가 힌두교들에게 매겨진 성지순례세를 폐지하는 등 진심으로 평화와 화합을 실천하는 위대한 지도자라는 사실을 알고 스스로 그의 여인이 되기로 결심한다. 정략결혼으로 맺어진 부부가 아니라 진실한 사랑으로 결합하게 된 것이다. 황제에게 수많은 아내가 있었지만 조다 바이와의 사이에서 태어난 왕자가 훗날 악바르 황제의 뒤를 이어 자항기르 황제가 된다.

악바르는 겉으로만 화합하는 척하면서 영향력 있는 가문의 여식들과 혼인한 것이 아니라 진정으로 함께하는 사회를 만들었다. 무슬림 왕국에 힌두 사원을 짓게 한 대범한 결정은 그가 진정으로 위대한 황제임을 증명해 주었다. 21세기 대명천지에도 절대 불가능한 이야기다.

위대한 황제 악바르의 리더십에 대해 이야기해 보자. 영화 도입부에 보면 1556년 2월 열네 살 어린 나이에 황제에 오른 그에게 후견인 배람 칸은 포로의 목을 치라고 요구한다. 만백성에게 황제의 위엄을 보이라는 것이다. 하지만 악바르는 이미 포로가 된 사람을 죽여야 할 필요가 없다는 이유로 거부한다. 그는 덕으로 나라를 다스리겠다는 기본신념을 가지고 전쟁포로든, 반역자든 일단 용서하고 포용하려 했으며 무조건적인 살생은 하지 않았다. 칼로 황제의 위엄을 보이려 했던 배람 칸은 결국 그의 칼에 죽은 자의 아들에게 죽임을 당한다. 악바르의 첫 번째 리더십은 덕으로 다스리는 인간존중이었다.

두 번째 리더십은 모든 종교에 대한 관용이다. 이 세상에 종교전쟁만큼 잔인한 전쟁은 없다. 종교는 모든 국민들이 목숨 걸고 지키고 싶어 하는 신념이다. 특히 인도처럼 거대한 나라에서 종교분쟁이 일어나면 걷잡을 수 없는 혼란의 소용돌이에 휩싸이게 된다. 그러면 나라는 분열되고 전쟁과 반목이 일어나 나라를 통치하기 힘들어진다. 무갈 제국이 힘없이 멸망하

악바르 황제 아버지인 후마윤의 묘가 있는 장소(위)와 암메르 성 내부의 화려한 천장 장식(아래).

게 된 원인이 바로 종교에 대한 관용을 포기하고 무슬림만 용인했기 때문이었다. 이전의 무갈 황제들 역시 끊임없이 종교 간의 화합을 강조하고 종교의 자유를 허용하라고 했지만, 아우랑제브(Aurangzeb) 황제는 고집스럽게 무슬림 우대 정책으로 나라를 통치하다가 무갈 제국의 마지막 황제라는 오명을 쓰게 된다.

악바르의 종교화합 정책은, 현대의 지도자들도 유념해야 할 아주 중요한 정책이다. 나라가 종교 문제로 분열되기 시작하면 국력이 분산되어 외부의 침입 없이도 스스로 몰락의 길을 걷게 마련이다. 아우랑제브 황제가 악바르 황제처럼 종교에 대한 관용을 베풀었다면 무갈 제국이 그렇게 허망하게 역사의 뒤안길로 사라지지는 않았을 것이다. 지금도 세계 도처에서 벌어지는 전쟁의 원인은 이념과 종교의 문제라고 할 수 있다.

세 번째는 그 누구보다도 발 빠른 추진력. 그는 황제의 자리에 가만히 앉아 말로만 통치하지 않고 문제가 생기면 즉각 행동으로 보여주었다. 빠른 결정은 물론 실천에도 망설임이 없었다. 용서할 때는 확실한 명분을 주어 그 자리에서 은혜를 베풀고 문제가 발생하면 해결을 위해 어떤 두려움도 없이 행동으로 옮긴다. 죄인을 단죄함에 감정을 배제하고, 반역이 일어났을 때도 주동자가 여동생의 남편일지라도 봐주지 않고 유리한 고지를 차지한다. 지도자가 망설이면 문제가 더 커진다는 것을 잘 알고 있었기 때문이다. 문제는 언제 어디서나 일어나는데 인도처럼 거대 제국에 바람 잘 날이 있었겠는가. 바람이 불기 전에 미리 채비를 하는 수밖에 없었을 것이다.

영화에서는 자세하게 묘사되어 있지 않지만, 역사적으로 보면 그의 통치 비결 중 하나가 바로 탁월한 인재등용이었다. 이것이 바로 네 번째 리더십의 비결이다. 아홉 개의 보석으로 불리던 각계각층의 훌륭한 인물들이 있었다. 시인에서부터 행정 관료, 음악가, 재정전문가 등 나라를 통치하는 데 필요한 인재를 골고루 스승으로 모시면서 치우침 없이 국정에 임했다. 그중에서도 지금까지 회자되는 사람이 두 명 있다. 군사 고문관 겸 행정가였던 비르발(Birbal)과, 인도 성악의 아버지로 추앙받았던 탄센(Tansen)이다. 이 두 인물에 대한 방대하고 전설적인 일화들은 수많은 책으로 시중에 나와 있을 정도다. 아무리 위대한 황제라 할지라도 세상 이치를 모두 다 알 수는 없을 것이다. 한 사람에 대해 알고 싶을 때 그 주변인들을 보라는 말이 있는 것처럼, 훌륭한 황제 곁에는 훌륭한 인물들이 있었다.

악바르는 황제라는 신분에 맞지 않게 문맹이라는 치명적인 약점을 가지고 있었지만, 그것을 감추기보다는 다양한 책을 수집하고 이해하기 쉽게 삽화로 그리는 업적을 남겼다. 그리고 힌두경전을 페르시아어로 번역해 세계에 알렸으며, 변장한 채 호위병 없이 거리에 나가 민심을 파악하려 노력했다. 그가 위대한 인물이었음을 설명해주는 수많은 일화들이, 악바르 시대가 인도 최고의 번영기였음을 뒷받침해 준다.

악바르 황제에 대해 알면 알수록 한 인간이 어쩌면 이렇게 다양한 관심사를 가지고 모든 일을 완벽하게 처리할 수 있었을까 하는 생각이 들었다. 리더십이란 무엇인가. 그 사람이 아니면 할 수 없는 그 무엇이다. 사람들은 쉽게 말한다.

"그 사람이 그 자리에 앉는다고 뭐가 달라지겠어, 다 그게 그거지."

리더십 없는 사람이 통치자의 자리에 앉았을 때의 이야기다.

"그 사람 때문에 이 모든 것이 달라졌어. 역시 윗사람 한 명이 이렇게 많은 것을 변화시킬 수가 있군."

리더십 있는 인물 한 명이 많은 것을 변화시킬 수 있다. 아무리 다그쳐도 아랫사람들이 지시를 따르지 않는다고 불평하는 순간, "나는 리더십이 없습니다"라고 고백하는 것과 마찬가지다.

많은 사람들이 인도의 표면적인 모습, 자신이 원하는 모습만 보려 한다. 그래서 이 영화가 더 널리 알려지고 더 많은 사람들이 봤으면 하는 바람이다. 인도라는 나라에 대해 우리가 알고 있는 것들은 빙산의 일각이다. 어떤 이는 이렇게 말한다. 인도에 없는 것은 이 세상 어디에도 없다고. 영화 〈조다 악바르〉는 인도를 제대로 알고자 하는 사람들에게 새로운 문을 열어줄 것이다. 멋진 남자를 영화 속에서나마 발견할 수 있다는 것은 얼마나 행복한 일인가. 악바르 황제 덕분에 행복한 상상을 하며 무더운 여름을 시원하게 보냈다.

자이푸르 성에서 바라본 시내 모습

스와스티카의 상징성

지구상에서 가장 흔히 볼 수 있는 상징 중 하나가 바로 십자가 아닐까. 서울의 야경을 붉게 수놓는 수많은 십자가를 본 외국인들은 한결같이 놀라움을 표한다. 신비한 동양의 나라로 알고 찾아 왔는데, 눈에 보이는 것은 온통 붉은 십자가 물결이니 자기들이 알고 있던 그 예수님의 십자가가 맞는 것인지 의문을 갖는다. 그들은 한국을 대표하는 문화인 사찰에 가보고 또 한 번 말을 잃는다. 불교와 기독교의 상징이 한끗 차이라니! 나처럼 인도에 다녀온 사람이라면 그 십자가의 또 다른 상징이 힌두교를 대표한다는 사실에 무척 혼란스러워진다.

진리는 하나인데 각자 표현하는 방식이 다를 뿐이라는 말이 유일한 진리인가. 기독교의 십자가, 불교의 만자, 힌두교의 스와스티카(Swastika)가 같은 본질에서 출발해 지역에 따라 조금씩 변형되었다는 사실만 봐도 알 수 있다. 인류 역사상 최대의 비극으로 기억되는 유대인 대학살을 자행한 나치의 상징, 하켄크로이츠(Hakenkreuz)도 십자가의 변형이다.

스와스티카는 인도 여행에서 흔하게 볼 수 있는 형상인 동시에 가장 오래된 상징이다. 가장 오래된 것은 기원전 3000년경 번성했던 하라파 문명에서 발견된 상징이라고 한다. 간단히 말하면 행운을 부르는 표시로 태양의 움직임을 본뜬 것이다.

보통사람들이 살면서 가장 많이 바라는 것은 무엇일까? 본인 스스로 열심히 일하고 나서, 누군가의 도움으로 행운을 얻어 크게 성공하는 것 아닐까? 힌두교도들은 행운을 부르는 이 상징을 재물의 여신 락슈미에게 제사지낼 때나 결혼식에 사용할 뿐만 아니라 현관, 트럭, 제단, 사원 등등 사람의 눈에 잘 띄는 곳곳에 그려 놓았다. 늘 지금보다 나은 삶을 원하는 중생들에게 가장 필요한 행운, 그 행운을 가져다준다는 스와스티카를 주변에 그려놓는 것이다.

우리나라에서는 불교의 '卍(만)' 자와 스와스티카가 혼동되는 경향이 있다. 중요한 것은 방향이다. 태양의 움직임을 나타내기 때문에 시계방향으로 돌아가야 올바른 형태이다. 힌두교에서는 방향이 반대가 되면 매우 불길한 징조라고 한다. 자연의 섭리를 거스르기도 하거니와 가을과 겨울로 가는 의미로 생명의 소멸을 암시하기 때문이다. 내게 힌두교에 대해서 가르쳐 준 선생님은 스와스티카 방향이 정말 중요하다고 몇 번이고 강조했다. 왜 그런 차이점이 생겼는지 나름대로 찾아보았지만 정확한 이유는 알 수 없었다. 다만, 중국을 거쳐 우리나라에 불교가 전파되는 과정에서 변형

사원 벽에 그려져 있는 스와스티카.

되었다는 설이 제일 유력하다.

칼 세이건(Carl Sagan)의 『에덴의 용(Dragons of Eden)』을 보면 우주 달력이라는 표가 나온다. 우주의 탄생인 대폭발이 1월 1일 일어났다고 가정했을 때, 지구는 9월 14일에 태어났고, 지구에 생명이 출현한 것은 9월 25일, 12월 1일에서야 지구에 상당량의 산소를 포함한 대기가 형성되기 시작되었다고 한다. 무시무시한 공룡은 12월 24일에 출현했고, 인류는 그 마지막 날인 12월 31일 10시 30분에 태어났다고 하는데, 그만큼 인류의 역사는 우주적인 관점에서 볼 때 그 존재가 미미함에도 불구하고 인간들은 끊임없이 전쟁을 일으키고 자연환경을 파괴한다. 인간이 마치 신적인 존재인양 지구에서 전권을 휘두르려 하는 것이다. 말도 못하는 어린아이가 온 집안을 휘젓고 돌아다니며 사고치는 것보다 더 대책 없는 인류의 행보를 보면서 의식 있는 많은 사람들이 지구의 미래를 걱정하고 있다.

그 누구도 최초에 어떤 십자가 형태가 만들어졌는지 명확하게 설명할 수는 없을지도 모른다. 그렇다 하더라도 역사적으로 볼 때 다양한 문화의 기저에 깔려 있는 이 상징을 통해 인류가 화합하고 평화롭게 공존할 수 있는 계기를 만들어 가면 좋을 듯하다. 모든 인류에게 행운이 가득하기를 바라며….

야트라, 인생의 여정

인생은 여행이다. 진부한 말로 들릴지라도 우리의 삶은 늘 여행인 것이다. 크게 보면 태어나서 죽을 때까지가 하나의 긴 여정이고 그 사이사이에 수많은 짧고 긴 여행이 차지하고 있다. 여행사의 단체 여행 상품으로 깃발 아래 모여 편안하게 관광하다가 안전하게 집으로 돌아오는 것을 일반적인 여행(tour)이라 한다면, 인생 여행은 일단 태어나는 것으로 시작되며 다시 돌아오지 못하는 기나긴 여정(journey)이다.

힌두교인들에게 여행이란 야트라(Yatra), 성지순례를 의미하는 것으로 유명한 사원을 방문하고 성스러운 강가(Ganga) 강에서 목욕하는 것이 최고의 여행이다. 그래서인지 야트라는 인도에서 가장 유명한 여행사의 이름이기도 하다. 힌두교 성지에 가면 언제나 발 디딜 틈도 없을 만큼 사람들로 붐빈다. 한번은 하리드와르에 있는 유명한 사원에 갔다가 너무나 혼잡

자이푸르 외곽에 있는 갈타 탱크.

자이푸르 시티 팰리스에 있는 은항아리.

한 인파 때문에 사원 관람을 포기했다. 마치 무빙워크에 올라탄 것처럼 사람들 틈에 저절로 밀려 떠다니다 보니 갑자기 무서운 생각이 들면서 무슨 일이 일어날 것만 같았다. 그즈음 신문지상에서 혼잡한 사원에서 압사당하거나 한꺼번에 몰린 인파로 건물이 무너지는 등 사건사고가 끊이지 않는다는 보도가 있었던 것이다.

힌두 사원의 성지도 여러 곳 있고 성지순례 축제도 다양하게 많이 있지만 내가 살던 곳에서 제일 인상 깊게 본 것은 칸바리(Kanwar)라는 성지순례다. 신화에 의하면 성수를 구하기 위해 거대한 우유바다를 휘저을 때, 갑자기 독이 튀어나와 인류를 위험에 빠트리려고 하자 시바가 단숨에 그 독을 들이마셨다고 한다. 그 독이 목에 걸려 시바의 목은 늘 푸른빛을 띠게 되었고 해독에 도움이 되고자 성스러운 강가의 물을 길어 시바에게 바친 것이 이 순례의 시작이라고 한다. 갠지스 강으로 더 잘 알려진 강가라는 강은 우리가 생각하듯 그저 평범한 강이 절대 아니다. 힌두교인들의 마음속에서 강가 강은 모든 생명의 근원인 것이다. 살아 있을 때는 그 물로 목욕을 하고 죽어서는 한 줌의 재로 그 물속에 뿌려져야 구원을 얻는다고 믿는다. 특이한 점은 강가의 물은 아무리 오래 두어도 절대로 썩지 않는다고 한다. 귀족이나 왕들은 강가 물을 떠다가 습관처럼 마시는 경우도 많았다고 한다. 자이푸르에 있는 시티팰리스에 가면 거대한 은항아리가 있는데, 1902년 자이푸르의 마하라자가 영국 여행을 할때 은항아리에 강가 강의 물을 받아 갔다는 것이다. 4,091리터의 물을 저장할 수 있는 양이니 그 크기가 어마어마하다.

칸바리 성지순례는 그처럼 성스러운 강가의 물을 담아서 각자의 고향으로 가져가는 의식이다. 그 시작점은 네 곳이 있는데 히말라야에서 발원한 강이 하리드와르에서 평야지대로 접어 드는 곳도 그중 하나다. 신화 속 우유바다 휘젓기에 나온 생명수를 가루다라는 새가 가지고 가다가 네 방울 떨어뜨린 곳 중의 하나가 바로 하리드와르다.

내가 살던 구르가온은 수도 델리에서 자이푸르로 가는 중요 도로가 지나는 곳이라 매년 7, 8월이면 끝도 없이 이어지는 칸바리 행렬을 볼 수 있

하리드와르에 있는 갱가 강 옆에서 사람들이 목욕을 하고 있다.

었다. 그냥 걷기도 힘든 40도가량의 무더위, 더구나 우기인 여름의 습한 날씨에 대나무 양 끝으로 무거운 물 항아리를 달고 수백 킬로미터를 걸어 간다는 것은 그야말로 고행이다. 인구 대국인 인도는 일자리가 모자라서 백수 생활을 하는 젊은 청년들이 많다고 한다. 혈기 왕성한 젊은이들이 성 지순례에 참여하면 커다란 성취감을 맛볼 수도 있고 그들의 동네에서도 이름을 알릴 수 있기에 힘들어도 많은 청년들이 축제의 일원으로 참여한 다. 순례길 중간중간에는 참가자들을 위한 쉼터도 있지만 고속도로를 따 라 걷기 때문에 차 사고가 빈번하다. 그러나 사고도 많고 힘든 고행일지라 도 매년 참가자는 늘어난다.

힌두교의 교리 중에서 내가 실천하고 싶은 것이 이 성지순례 야트라다. 물론 나는 힌두교 성지순례를 하려는 것이 아니다. 세속적인 의무가 끝나 는 지점, 흔히들 은퇴라고 말하는 시기에 나만의 야트라를 떠날 계획이다.

우선 화가 폴 고갱(Paul Gauguin)의 작품에 영감이 되었던 타히티에 가고 싶다. 워렌 비티 주연의 영화 〈러브 어페어〉에 나오는 타히티 풍경이 멋있 기도 하지만 쉽게 갈 수 없는 먼 곳이기에 더욱 매력적이다. 가까워서 마음 만 먹으면 언제든지 갈 수 있는 곳이라면 은퇴한 뒤에 가겠다고 계획 세울 필요 없이 지금이라도 당장 갔다 올 수 있으니 말이다.

그다음은 사진가 티나 모도티(Tina Modotti)가 살았던 삶의 궤적을 따라 가보는 여행을 하고 싶다. 런던에서 사진 공부할 때 책에서 읽었던 티나 모 도티의 삶은 드라마틱 그 자체였다. 1920~30년대에 활동했던 여성으로

서 이탈리아, 미국, 멕시코, 러시아를 오가며 자신만의 삶을 살았던 이 사진가는 현재의 시선으로 봐도 감히 따라 하기 힘든 대단한 이력의 소유자라고 할 수 있다.

마지막으로 혜초의 『왕오천축국전』에 나오는 곳을 여행하고 싶다. 물론 똑같은 여정을 밟을 자신이 없기 때문에 혜초가 갔던 인도 지역만이라도 새롭게 가보고 싶은 마음이다.

가까운 시일 내에 실행할 계획은 우리나라에 있는 유명사찰을 다 가보는 것이다. 한 시간 만에 한 바퀴 휘리릭 둘러보고 마는 것이 아니라 그 근처에서 최소한 2박 3일 정도 묵으면서 제대로 절의 분위기와 역사를 알아보고 싶다.

적어 놓고 나니 생각보다 쉽지 않을 듯하다. 이 중에서 두 가지만이라도 실천할 수 있다면 내게는 커다란 행운이다. 늘 그렇듯 생각만으로도 가슴이 뛴다. 여러분도 자신만의 야트라를 만들어 보시길⋯.

죽음의 수수께끼

왜 죽음의 수수께끼일까? 이 수수께끼를 풀지 않고 호수에서 물을 마신 사람은 바로 쓰러져 죽었기 때문이다. 그러나 지금은 이 수수께끼를 못 풀었다고 죽는 것은 절대 아니다. 안심하고 풀어 보시라.

Q. 인간들의 습성 중 가장 기이한 것은 무엇일까?

사촌 간에 왕권을 두고 피비린내 나는 전쟁을 벌이는 이야기《마하바라타》에 나오는 수수께끼다.

A)언젠가는 죽는다는 사실을 망각하고 영원히 살 것처럼 행동한다는 것.

우리는 너무나 잘 알고 있다. 언젠가 죽는다는 절대 진리를. 그럼에도 불구하고 죽음은 남의 일인 것처럼 생각한다. 진시황도 불로초를 찾지 못하고 죽음에 굴복했는데, 하물며 아무런 힘도 권력도 없는 중생들이 어찌 죽음에 대항하겠는가. 머리로는 알고 있는 이 사실을 생활 속에서는 받아들이지 못하는 것이 문제다. 마치 천년 영화라도 누릴 듯이 욕심을 내거나 집착하면서 미련을 떨기도 한다.

이 죽음의 호수에서 들려오는 수수께끼 편에는 흥미로운 이야기가 많이 있다. 힌두교인이거나 인도인이어야만 이해할 수 있는 것 말고 요즘 시대에도 통할 것 같은 이야기만 몇 개 골라 보았다.

Q 1. 땅보다 무거운 것은?

Q 2. 하늘보다 더 높은 것은?

Q 3. 바람보다 더 빠른 것은?

Q 4. 들판의 지푸라기보다 많은 것은?

지금도 많은 사람들에게 회자되는 질문들이다. 특히 '바람보다 빠른 것'은 수수께끼의 전형인데 《마하바라타》가 원전이라는 사실이 재미있다. 추수하고 난 뒤 들판에 놓여 있는 지푸라기를 생각해보자. 그 수를 헤아려 보면 이 지구상의 모든 인간과 동식물의 수를 다 합한 것보다 많지 싶다. 그토록 많은 것보다 더 많은 것이 과연 무엇일까? 바로 인간의 근심 걱정이다. 이 이야기의 배경이 기원전 1,000년이고, 이 글을 기원전 4세기에 썼다는 것은 이것이 적어도 2,000년 전 이야기라는 것인데, 지금 시대에도 회자되고 있다.

A) 1. 어머니의 사랑 2. 아버지 3. 마음 4. 근심

Q 5. 눈을 뜨고 자는 것은?

Q 6. 태어난 뒤에도 아무런 노력도 하지 않는 것은?

Q 7. 마음이 전혀 없는 것은?

Q 8. 점점 더 힘이 세지는 것은?

'눈을 뜨고 자는 것이 무엇'인지 묻는 수수께끼는 많이 들어보았을 것이다. 여기서 말하는 정답은 수학공식처럼 누구도 이의를 제기할 수 없는 것이 아니다. 수수께끼의 정답을 맞히는 것보다 문제의 속뜻을 파악하고 정답을 찾아나가는 과정이 훨씬 더 중요하기 때문이다.

A) 5. 물고기 6. 알 7. 돌 8. 강

Q 9. 여행자의 친구는 누구인가?

Q 10. 가장(家長)의 친구는 누구인가?

Q 11. 아픈 이의 친구는 누구인가?

Q 12. 임종을 앞둔 사람의 친구는 누구인가?

'가장의 친구는 누구인가'라는 수수께끼의 답이 이채롭기도 하고 파격적이기도 하다. 가장의 가장 친한 친구는 바로 아내. 그래야만 가정이 제대

대칭을 이루는 조각 문양이 윤회를 연상시킨다.

로 돌아간다. 기원전 사람들도 알고 있었던 진리를 여권운동이 최고조에 달한 지금도 깨닫지 못한 사람들이 수두룩하다. 또한 죽음을 앞둔 사람의 친구가 바로 자선이라는 사실도 흥미롭다. 착한 일을 해야 천당에 간다는 힌두교적인 사고, 이승을 떠날 때 가져갈 수 있는 것은 재산이나 권력이 아니라 선한 업이라는 힌두교적 사상과 일맥상통한다.

A) 9. 동행자 10. 아내 11. 의사 12. 자선

인도에서 만난 예술가의 작업실 앞에 놓인 조각상.

Q 13. 인간으로 태어나 감사해야 할 최고의 자질은?

Q 14. 재산 중에서 최고의 재산은?

Q 15. 이익 중에서 최고의 이익은?

Q 16. 모든 기쁨 중에서 최상의 기쁨은?

　살아가는 동안 우리가 얻을 수 있는 최고의 이익은 바로 건강이다. 사람들은 건강만큼 소중한 것이 없다는 사실을 잊고 살다가 건강을 잃은 뒤에야 깨닫는다. 취할 수 있는 이익 중에서 최고의 가치를 두어야 할 것이 바로 건강인 것이다. 그리고 여러 가지 기쁨이 있지만 최고의 기쁨이 만족이라는 정답을 보고, 이 책을 쓴 사람이 위대한 철학자임에 틀림없을 것이라는 나름의 추측을 해 보았다. 돈이 아무리 많아도 만족하지 않으면 기쁘지아니할 것이고, 남들이 절세가인이라고 추켜세워도 본인이 만족하지 않으면 불행할 것이다. 결국 기쁨이란 밖에서 오는 것이 아니라 마음속에 있다.

A) 13. 능력 14. 경전에 관한 지식 15. 건강 16. 만족

Q 17. 무엇을 포기해야 인기 있는 사람이 될까?

Q 18. 무엇을 포기해야 슬프지 아니할까?

Q 19. 무엇을 포기해야 부자가 될까?

Q 20. 무엇을 포기해야 즐거워질까?

인기남, 대세남이 되기 위해 무엇을 포기해야 할까? 그것은 오만함이다. 나 잘났다고 목에 힘주고 다니는 사람이 인기를 얻을 수는 없다. 그 옛날에도 오만함이 하늘을 찔러 인기 없는 사람이 많았던 것일까? 요즘 가장 절실히 느끼는 단어가 과유불급(過猶不及)이다. 지나친 것은 부족한 것보다 못하다는 뜻이다. 말투나 행동이 지나치기 때문에 문제가 생긴다.

A) 17. 오만 18. 분노 19. 욕망 20. 탐욕

Q 21. 세상에 만연해 있는 것은 무엇인가?

Q 22. 친구를 배신하게 하는 것은 무엇인가?

Q 23. 인간이 극복하기 가장 힘든 적은 무엇인가?

Q 24. 슬픔이란 무엇인가?

위의 질문 중에는 답이 같은 것이 있다. 세상을 뒤덮고 있는 것과 슬픔이 무엇인지에 대한 답이다. 무지가 세상을 뒤덮고 있고, 무지한 것이 슬프다는 말이다. 우리는 대부분 모르고 한 일이면 용서가 된다고 생각하지만 옛날 인도인들의 생각은 그렇지 않았던 모양이다. 알려 하지 않았던 것 그 자체가 죄이다. 인간으로 살아가야 하기 위해서는 나 자신뿐만 아니라 세상 돌아가는 것도 알아야 한다. 그래야 죄를 짓지 않고 살 수 있다. 적극적으로 알려고 노력하는 자세가 필요하다. 지금 하려는 행동이 미래에 어떤 영향을 미칠지 알지 못하고 멋대로 한다면 세상의 종말을 앞당기는 결과를 초래할 것이다.

A) 21. 무지 22. 탐욕 23. 분노 24. 무지

Q 25. 이 세상은 어떻게 돌아가는가?

A) 25. 세상은 냄비와 같다. 태양으로 불을 지피고, 낮과 밤은 연료이며, 달(month)과 계절은 나무주걱이다. 인간은 이 커다란 냄비 안에서 시간이라는 절대자에 의해 요리되고 있다.

명쾌하지 않은가? 우리 모두는 시간 앞에 절대 복종한다. 그 누구도 시간이라는 요리사를 피해갈 수 없다. 세상을 지배하는 것은 임기 몇 년의 대

통령이나 천문학적 재산을 가진 재벌이 아니라 시간이다.

Q 26. 누가 행복한 사람인가?

A) 26. 빚이 없고 망명생활을 하지 않으며 단순하게 살고 자기
집에서 소박한 음식을 먹는 사람이 바로 행복한 사람이다.

요즘 세상에 빚 없이 산다는 것은 불가능하다. 단지 그 빚이 감당할 만한
수준이라면 빚이 없다 해도 무방하다. 또한 떠도는 도망자의 삶을 살지 않
으면 된다. 자기 집이라는 개념은 현대의 거주 개념에서 안정적인 전세 집
까지 포함해도 큰 무리가 없을 것이다. 이렇게 보면 행복해야 할 사람은 넘
쳐나는데 우리는 아무도 행복하다고 생각하지 않는다. 편안하게 두 다리
뻗고 내 집에서 소박한 식사를 할 수 있다는 것만으로도 충분히 행복하다
는 사실을 깨닫지 못하는 데서 현대인의 불행은 시작된다. 이제부터라도
마음속으로 외쳐 보자. "나는 행복하다!"라고.

델리에서 멀지 않은 곳에 위치한 알와르(Alwar)의 풍경

힌두교 관점에서 본
사후세계

스티븐 호킹(Stephen Hawking) 박사의 말 한마디가 전 세계 뉴스의 헤드라인을 장식한 적이 있다. "우주는 신이 창조하지 않았다." 우주는 무(無)에서 창조되었다는 말이다. 그렇다면 사후세계도 없다는 이야기가 된다. 제아무리 스티븐 호킹 박사의 말이라도 모두가 믿는 것은 아니다.

인간이 풀지 못하는 미스터리 가운데 하나가 바로 사후세계다. 모든 종교에서는 사후세계를 강조한다. 현생에서 악한 일을 했을 때 그에 대한 벌을 받지 않는다면 인간이 한없이 악해질까 염려되어 사후세계라는 개념이 등장했다는 견해도 있다. 즉, 인간들이 현생에 저지른 악행에 대해 지금 당장 벌 받지 않더라도 사후에 반드시 벌을 받는다는 생각을 가진다면 세상이 좀 더 평화로워질 수 있다는 것이다.

과연 인간은 사후세계의 지옥불이 무서워 악행을 저지르지 못할까? 요즘 나오는 뉴스들만 보면, 그건 '전적으로 아니올시다'이다. 그렇지만 대다수의 평범한 인간들, 신문지면을 장식하지 않는 사람들에게는 악행에 대한 처벌을 죽어서도 피할 수 없다는 종교의 가르침이 살아가는 동안 선한 행동을 해야 한다는 사실에 어느 정도 영향을 미친다. 만약 모든 종교를 가진 사람들이 사후세계에서 벌 받는다는 말을 믿는다면, 어쩌면 종교의 탄생과 함께 범죄라는 단어가 사라졌을지도 모른다. 하지만 모두 다 알다시피 세상은 그렇지 못하다.

힌두교에서 말하는 사후세계는 어떤 것일까. 생각보다 간단한 논리다. 죄를 지은 자는 그 빚을 갚기 위해 윤회의 고리에서 벗어나지 못한 채 다시 이 세상에 태어나고, 착하게 살다 죽은 자는 더 이상 속세에 남아 있을 이유가 없기 때문에 해방된다는 것이다. 마음에 아주 쏙 드는 설은 단순히 죄를 지었다는 사실 하나만으로 곧장 지옥으로 떨어지는 것이 아니라 일생 동안의 행동 전부를 대차대조표에 기록해서 그 결과로 심판받는다는 것. 왜냐하면 우리는 온전히 선하게만 살 수도, 악하게만 살 수도 없기 때문이다. 한때 악한 짓을 하고 실수를 했더라도 얼마든지 만회할 기회가 있으니 희망이 있다.

고대 인도의 철학 경전인 《우파니샤드(Upanisad)》에 나온 이야기다. 나치케타(Nachiketa)라는 한 젊은이가 죽음의 신 야마에게 "우리가 죽은 다음 어떤 일이 일어날지 궁금하다"고 물었다. 야마가 말하기를 "인간에게는 영원히 죽지 않는 영혼 아트마와 썩어 없어지는 육신 샤리라가 있는데, 인간이 죽으면 저승사자인 야마두타(Yamaduta)가 육신에서 영혼을 불러낸다"

링가에 기름을 부으며 기도하는 여인.

고 했다. 육신은 화장해서 재가 되고 남은 두개골은 부숴야 그 안에 갇혀 있는 영혼이 자유로워진다는 것이다. 장례식이 진행되는 동안 남아 있는 사람들은 죽은 자의 몸 안에 있던 영혼이 바이타라나 강을 건너 야마가 지배하고 비트르가 살고 있는 죽음의 세계로 편안하게 여행할 수 있도록 기도해 주어야 한다. 바이타라나 강을 건널 때 옆에서 도와주는 동물이 바로 인도에서 신성시하는 동물, 소이다.

소와 함께 험난한 바이타라나 강을 건너면 그곳에는 비트르라 불리는 조상들이 살고 있다. 그들은 야마에게 복종하면서 다시 태어나기를 기다리는 존재들이다. 그들은 육신도 없고 영혼도 없이, 여성도 아니고 남성도 아닌 무성으로 존재한다. 그들의 운명은 죽음의 신 야마가 결정하는데, 제아무리 신이라도 야마 혼자 독단적으로 결정하는 것은 절대 아니다. 야마는 회계사 치트라굽타(Chitragupta)의 장부에 기록된 무형의 존재들이 행했던 선과 악을 꼼꼼히 살펴보고 최종 판결을 내린다.

회계사 치트라굽타는 사람들의 모든 행동을 부채와 자산으로 구별해서 장부에 기입한다. 남에게 해를 끼치거나 이기적인 행동을 하면 부채로 기록하고, 타인을 위해 자신의 기쁨을 희생한 선한 행동은 자산으로 기록한다. 부채가 많아 그 빚을 갚아야 하는 비트르는 올가미에 묶어 세상으로 내보낸다. 갚아야 할 빚이 전혀 없는 비트르는 윤회의 고통에서 해방된다. 속세에 더 이상 미련이 없거나 세상살이가 너무 힘들어서 절대로 다시 돌아오고 싶지 않은 사람들에게는 너무나 반가운 소리다. 그저 착하게만 살면 이 윤회의 고통에서 해방된다니 정말 간단하지 않은가.

힌두교의 장례식에서는 불과 물이 중요한 역할을 한다. 시신을 화장하면 뼈와 재는 강물에 흘려보낸다. 불은 해탈, 해방을 의미하고 강물은 윤회, 재탄생을 의미한다. 우리의 영혼은 이 두 가지 운명을 가지고 있으며 죽음의 신 야마가 우리의 영혼이 어디로 갈지 결정한다. 야마는 단순히 죽음의 신이 아니라 운명의 신이며 정의의 신이기도 하다.

어둠 그 자체인 야마는 죽은 자들의 잔인한 지배자이다. 그는 물소를 타고 다니며 모든 인간들이 태어난 날부터 천천히 그들에게 다가간다. 야마는 갈고리를 가지고 죄지은 사람은 업보에 따라 빚을 갚을 때까지 윤회의 고리를 묶어 둔다. 또한 철퇴를 가지고 다니며 그가 법의 신임을 과시한다. 그는 과거의 행동을 근거로 인간의 미래를 결정한다.

카르마의 법칙에 의하면 인간은 모든 행동에 대한 결과를 책임져야 한다. 갚아야 할 빚이 있어 윤회의 굴레에서 벗어나지 못하고 속세에 다시 태어난 인간은 탄생의 시간, 죽음의 시간, 육신의 형태, 가족의 구성 그리고 그들의 행운과 불행까지 야마의 판결대로 살아간다. 그는 기분 내키는 대로, 하고 싶은 대로 인간의 운명을 정하는 것이 아니라 회계사의 기록에 준해서 공정하게 판결한다.

우리의 삶은 인과응보의 발현일 뿐이다. 야마가 공정하게 판결한다는 점이야말로 가장 희망적인 이야기다. 죽음만큼은 인간의 귀천을 막론하고 모두 다 똑같다는 것, 그것이야말로 우리를 안심하게 만드는 요소이다. 대통령이었다고, 재벌이었다고 특혜를 받는 것은 아니다. 야마 앞에서 누구나 똑같이 심판을 받는다.

야마 신의 자가용인 검은 물소 위에서 휴식을 취하고 있는 까마귀.

야마는 태양신 수리아(Surya)의 아들로, 샤니(Shani)라는 형이 있다. 이 둘은 모두 정의의 신이라고도 할 수 있는데, 샤니는 인간이 현생에 저지른 죄를 벌하고 야마는 인간의 사후에 악업을 단죄한다는 것이 다르다. 야무나 강(Yamuna River)이 야마의 쌍둥이 여동생이라는 설도 있다. 그래서 락샤 반단(Raksha Bandhan) 축제 때 야무나 강에 가서 오누이의 맹세를 하고 기도하며 축복을 구한다.

야마의 이야기는 《마하바라타》나 《라마야나》에 많이 등장하는데, 그중 제일 유명한 것은 그의 아들에 관한 것이다. 옛날에 두루바사(Durvasa)라

제단 앞에서 기도를 올리는 소년.

는 현자가 왕의 딸인 쿤티(Kunti)의 대접을 받고 고마운 마음에 그녀에게
만트라 하나를 가르쳐 주었다. 그 만트라를 부른 다음 신의 이름만 불러도
그 신의 아들을 낳을 수 있는 특별한 것이었다. 쿤티는 후에 판두와 결혼했
지만, 판두는 아내와 잠자리하면 바로 죽는다는 신의 저주를 받았다. 그때
두루바사가 알려준 만트라를 기억해낸 쿤티는 남편과 동의하에 아들을 낳
는다. 그 첫 번째 아이가 바로 죽음의 신이자 정의의 신 야마와의 사이에서
태어난 유디시트라이다. 그는 거짓말을 하지 않는 정의로운 사람으로, 모

든 이들의 존경을 받았다. 그 후로도 쿤티는 다른 신들의 이름을 불러 아들 두 명을 더 얻게 된다. 그리고 판두의 두 번째 부인 마드리에게 그 비법을 알려주어 두 아들을 얻어 모두 5형제가 된다. 여기서부터 인간과 신들이 얽히고설켜 피비린내 나는 전쟁 이야기《마하바라타》가 시작되는 것이다.

야마가 사는 곳은 어디일까? 힌두교에서는 세계를 세 개로 나눈다. 천상의 세계인 데브록, 중간계인 무루띠록, 지옥인 빠딸록(얌록)이다. 그는 눈이 네 개나 달려 있는 포악한 개 두 마리가 지키는 얌록에 살면서 철퇴와 올가미를 들고 있다. 이 얌록을 산스크리트어로는 나락 혹은 나라카라고 한다. 우리말에 '절망의 나락으로 떨어졌다'는 표현이 있는데 그 나락이 바로 이 지옥을 뜻하는 나락에서 나온 말이다.

야마 앞에 섰을 때를 상상해 보자. 그동안 얼마나 많은 부채와 자산을 쌓았는지 한 번쯤 점검해 볼 필요가 있다. 중간점검을 해야 앞으로 남은 삶을 제대로 살 수 있을 것이다. 살면서 이 세상에 진 빚이 많이 있다면 빨리 갚을 계획을 세워야 할 것이고, 그래도 자산이 더 많다고 생각된다면 느긋하게 앞으로의 삶을 즐길 수 있을 것이다. 물론 내가 만든 장부이기 때문에 착오가 생길 수 있다. 수능시험을 보고 난 뒤 가상으로 채점한 점수가 성적표의 점수와 일치하지 않는 것처럼 말이다. 그럴 경우를 대비해 조금 자산이 많다고 해서 자만하지 말고 더 많은 자산을 쌓아야 할 것이다. 그래야 무시무시한 죽음의 신 야마 앞에서도 당당할 수 있을 테니까.

한 가지 걱정 안 해도 되는 일은 각자 다르마, 업에 따라 한 행동은 심판받지 않는다는 것이다. 예를 들면《마하바라타》마지막 장면에 전쟁터에서 수많은 사람의 목숨을 앗아간 무사계급 크샤트리아들은 그로 인해 지옥에 떨어지지 않는다. 전쟁을 수행해야 한다는 업을 타고난 사람들이기 때문이다. 어린이도 마찬가지다. 아직 옳고 그른 것이 무엇인지 모르는 상태에서 저지른 일에 대해서는 그 죄를 물을 수가 없다.

　인간이라면 피할 수 없는 그 순간, 야마 앞에 서는 순간, 오들오들 떨지 않고 두 눈을 똑바로 뜨고 야마의 얼굴을 주시할 수 있기 위해서는 어떻게 해야 할까. 그냥 착하게 살면 된다. 그렇다면 착하다는 것은 무엇인가? 간단하게 세 가지로 나눠 이야기할 수 있다. 첫째, 소극적인 의미로는 남에게 해를 입히지 않는 것이다. 둘째, 적극적인 의미는 남을 돕는 것이다. 마지막으로 세 번째, 자기를 희생해서 곤경에 처한 사람을 도와주는 것이다. 평범한 인간들은 보통 남에게 해를 끼치지 않고 성실하게 사는 경우가 대부분이다. 거기서 한 단계 발전해서 자신의 능력을 다른 사람과 함께 나누면서 세상을 이롭게 하는 사람들도 어느 정도 비율을 차지하고 있다. 그러나 마지막의 경우는 보통의 인간이라면 행하기 어렵다. 초월적으로 사는 사람들은 평범한 사람들이 절대 하지 못할 자기희생의 삶을 살기도 한다. 이 세 가지 선 중에 하나라도 실천하려고 노력하면 야마 앞에 서는 일이 두렵지 않을 것이다.

　그래도 안심이다. 야마가 사람들을 무지막지하게 지옥으로 끌고 가는 악마가 아니라 모든 사람들을 평등하고 공정하게 대하는 위대한 정의의 신이기 때문이다. 내가 가난한 집의 힘없는 부모 밑에서 태어났다고 해서

나의 대차대조표를 위조하지는 않을 것이다. 살아서는 법 앞에 평등하고 죽어서는 야마 앞에 평등하다. 학연, 지연, 혈연, 재물, 권력 따위는 죽음의 신 야마 앞에서 절대 통하지 않는다. 야마나 치트라굽타와는 부정한 거래가 성사될 수 없는 것이다. 그러니 결과는 걱정하지 말고 착하게 살자.

힌두교 관점에서 본 사후세계

여 행

속 으 로

히말라야 언저리 심라

　델리에서 장장 9시간을 달려 히말라야 지류라는 심라에 갔다. 거리상으로는 365킬로미터 밖에 안 되지만 고속도로가 아니라 중간중간에 길도 끊기고, 여느 인도 길과 다름없이 소도 가고, 마차도 가고 하는 바람에 장거리 여행이 되어버렸다. 차창 밖으로 스치는 들판에는 누우런 벼 이삭이 익어가고 갈대가 하늘하늘 바람에 날려 마치 우리나라 평택 어디쯤을 지나가는 듯한 착각에 빠지기도 했다. 사소한 풀잎 하나도 고향의 그 무엇과 연관 지어 생각하는 것을 보면 인간은 본능적으로 자기가 태어나고 자란 곳에 대한 그리움을 갖고 사는 모양이다.

　구루가온을 떠나올 때는 무더위에 지쳐 탈출하는 마음이었는데 단 몇 시간 만에 가을로 접어들고 있다니 역시 인도 땅이 넓긴 넓은가 보다. 인도의 날씨는 365일 세계의 모든 기후를 보여준다. 사막, 여름, 겨울, 열대우

림, 기타 등등. 얼마나 땅이 넓고 기후가 다양하면 그럴 수 있을지 참으로 신기하다. 그 오랜 시간 차 안에서 버틸 수 있었던 이유는 끊임없이 밖의 풍경이 달라져서 지루하지 않았기 때문이다.

산 밑은 덥지만 비가 오락가락하는 바람에 산 속으로 올라갈수록 시원하게 심라에 도착했다. 가는 동안 길 여기저기에 크고 작은 산사태가 나 시간이 더 오래 걸렸다. 영주에서 소백산 넘어가는 길처럼 구불구불…. 가도 가도 구불구불 산길만 3시간을 달려 심라에 도착했을 때 가장 충격을 받은 것은 산꼭대기에 다닥다닥 지어진 집과 그곳에서 살아가는 사람들의 모습이었다. 지구에서 제일 높은 히말라야 산 언저리라기에 영험하고 장대한 산세를 잔뜩 기대하고 갔는데, 산 구석구석에 빈 틈도 없이 자리 잡고 있는 집을 보고 나서는 인간들의 뛰어난 생존 능력에 할 말을 잃고 말았다. 자연의 위대함을 느끼기도 전에 살아남기 위해서라면 무엇이든지 할 수 있는 인간의 능력에 감탄할 수밖에 없었다. 깎아지른 듯한 절벽 위에 집과 마을이 아슬아슬하게 지어져 있는 모습을 보니 내가 장엄한 히말라야 산의 지류에 온 건지 아니면 어느 야산의 언덕에 온 건지 분간이 되지 않았다.

웅장하게 뻗은 산세가 아니라 2천 미터가 넘는 고산에 구석구석 빼곡하게 자리 잡고 살아가는 사람들의 모습. 10억이 넘는 인구대국답게 그 높은 산허리에 산길을 돌고 돌면 사람들이 사는 집들도 굽이쳐 있다. 어쩌면 하나의 틈도 없이 산꼭대기까지 집을 지었는지 타지마할보다 더한 미스터리다. 층층으로 집을 지어 산사태가 나면 금방이라도 무너질 듯 아슬아슬하게 지나가야 하는 편도 2차선 도로뿐만 아니라 옆의 풍경마저 위태롭다

심라의 산비탈에 자리잡은 집들

보니 이래저래 울렁증이 가라앉질 않는다.

집에서 오전 7시 반에 출발했음에도 불구하고 호텔에 도착하니 오후 5시가 다 되어서 관광이고 뭐고 할 시간이 거의 없었다. 그래도 오자마자 짐 풀고 The Mall 쇼핑거리에 가보았다. 차는 들어갈 수 없게 되어 있지만 메인 쇼핑거리까지 엘리베이터를 타고 갈 수 있다. 돈을 내야 한다는 게 흠이니까 기운 넘치는 사람들은 관광 겸 걸어가는 편이 훨씬 재미있을 듯하다.

추운 지역이라 털신이나 스웨터 같은 것을 사려 했지만 금세 어둠이 내리고 비까지 부슬부슬 내리는 바람에 숙소로 돌아왔다. 다음에 해야지 하면서…. 그러나 언제나 다음은 없다는 사실이 이번에도 증명되었다. 다음날은 오전에만 그림 같은 날씨였고 오후 내내 비가 내려 쇼핑을 전혀 할 수 없었다. 가구점이 모여 있는 곳에 가려고 했지만 산사태로 인해 길이 끊겼고, 어느 작은 시장이 무너져 42명이나 죽었다는 끔찍한 이야기를 들어야 했다. 목숨을 내놓고 관광하는 기분이었다.

관광 이틀째 되던 날 아침은 날씨가 정말 환상적이었다. 히말라야 산의 기운이 곳곳에 서리는 듯했다. 그러나 실상은 달랐다. 우리가 타려던 기차 역시 선로가 막혀 운행이 중단되었다. 할 수 없이 자동차로 길을 떠났다. 심라에서 가장 높은 봉우리라는 자쿠 힐에 갔다.

심라에는 힌두사원이 많다. 시바 신이 수행하고 정진했다는 카일라쉬 산이 히말라야에 있다고 하니 많을 수밖에. 우리나라에서도 경치 좋은 산에 가면 절이 있듯이 이곳의 봉우리마다 힌두사원이 있다. 원숭이 신 하누만을 모신 사원은 원숭이가 주인이기도 하다. 덕분에 사원 구경보다는 원

심라에 있는 호텔의 로비.

숭이를 구경하거나, 무서운 원숭이를 피해다니거나, 우리가 현지인들에게 원숭이처럼 보여 사진 찍히거나 했던 이상한 관광이었다.

사원을 내려와서는 와일드플라워 홀(Wildflower Hall)에 갔다. 기념관 같은 곳인 줄 알고 갔는데 가 보니 아주 고급스러운 호텔이었다. 아마 심라에서 제일 비싼 호텔이 아닐까 싶다.

그러나 문제는 14세 미만의 어린이와는 숙박은 물론 식사도 할 수 없다는 것이었다. 어른들이 호텔을 둘러보는 것까지는 허용되지만 동반 자녀는 로비에만 머물러 있어야 한다는 조건이 있었다. 호텔이 위험한 절벽 위에 지어졌기 때문에 아이들이 함부로 돌아다니면 위험하다는 이유였다.

할 수 없이 남편과 번갈아가며 아이를 보면서 호텔을 구경했다.

호텔은 마치 귀족의 저택처럼 꾸며져 있었다. 당구장은 물론 화려한 도서실까지. 스파가 유명하다던데 거기까지는 안내해주지 않아 볼 수 없었다. 점심때가 되어 밥을 먹으려 했지만 어린이 동반 금지 조항 때문에 그것마저 불가능했다. 숙박은 안 된다 해도 식사까지 할 수 없는 것은 이해하기 힘든 규칙이었다. 비는 줄기차게 오고 점심시간도 지나서 어쩔 수 없이 숙소로 돌아가 컵라면으로 대충 점심을 해결하기로 했다. 난방이 안 되니 날씨는 으슬으슬 춥고 입맛에 안 맞는 음식을 억지로 먹으니 차라리 집에서 가져간 컵라면과 즉석밥이 나을 듯했다. 추울 때는 역시 컵라면이 최고!

점심을 먹고 나니 세상 부러울 게 없어서 관광이고 뭐고 그냥 호텔에서 쉬고 싶었지만, '아홉 시간을 달려왔는데' 하는 생각에 일단 다시 밖으로 나갔다. 아침에 운행되지 않던 기차가 혹시나 복구되었을까 싶어 물어보니 역시나 여전히 운행이 안 된단다. 그렇게 빨리 복구되면 인도가 아니지.

시바 신의 부인인 데비가 살았다는 곳으로 갔다. 가는 곳까지가 참 험난했다. 얼마나 경사가 심한지 날씨도 점점 안 좋아져 차를 돌리고 싶을 정도로 마음이 심란했다. 중간에 포기하면 아니 간 것만 못하다는 속담도 있지만 나는 아니다 싶을 때는 과감하게 포기하는 것도 삶의 지혜라고 생각하는 편이라서 무리하게 관광을 하고 싶지 않았는데, 남편은 이왕 관광에 나섰으니 가보자고 했다.

그런데 데비 사원에 올라가 보고는 깜짝 놀랐다. 사원의 꽃이며 나무에 매달아 놓은 깃발까지 마치 우리나라 무당집에 온 것 같은 기분이 들었기 때문이다. 사계절이 있어서인지 정원의 꽃들도 한국에서 본 것이었고, 아직 피지 않은 국화꽃 봉오리는 더욱더 한국을 느끼게 해주었다.

불교를 근간으로 하는 우리 문화는 불교 발생지인 인도와 비슷한 점이 있을 수밖에 없다. 특히 여기서 종교적인 기념일만 되면 하는 푸자(제사) 역시 내가 어릴 때 시골에서 본 무당의 굿과 거의 똑같다. 악기 구성 역시 징, 꽹과리, 장구 등 그 모양새까지 닮아 있다.

다음 날 아침은 다행히 어제처럼 날씨가 좋았다. 그런데 문제는 아침 잘 먹고 나서 탄 엘리베이터에서 생겼다. 우리가 묵었던 호텔이 역사가 깊은 곳이라서 구경도 할 겸, 소화도 시킬 겸 한 바퀴 돌아보려고 엘리베이터를 탔는데 갑자기 멈춘 것이다. 사실 서울에서 엘리베이터가 멈췄다면 그건 엄청난 사건임에 틀림없다. 정말 운이 나쁘면 목숨까지 잃을 수 있는. 그러나 여기는 인도다. 인도에서는 엘리베이터가 멈추는 일이 하루에도 열두 번. 왜냐하면 전기 공급이 자주 중단되기 때문이다. 1년 넘게 살면서 지금까지 한 5번 정도 엘리베이터가 멈추는 일을 겪었다. 그래서 무작정 기다렸다. 전기가 들어오면 괜찮겠지. 그러나 시간이 3분 정도 지났음에도 불구하고 엘리베이터는 꼼짝도 하지 않았다.

큰 쇼핑몰도 아니고 작은 호텔이다 보니 전화를 걸자 구조요원이 5분 만에 왔다. 하지만 엘리베이터 문을 억지로 열자 영화에서처럼 출입문 중간쯤에 엘리베이터가 걸쳐 있어 혼자 나갈 수 없는 나름 긴박한 상황이었다. 구조되고 보니 나보다 더 놀란 사람은 호텔 지배인이었다. 얼굴이 사색이었다. 그 호텔 지배인은 정말 운이 좋았던 것이다. 아무것도 모르는 외국

심라의 와일드 플라워 홀에 있는 레스토랑.

바이스리갈 로지의 이국적인 모습.

관광객이 그런 일을 당했더라면 엄청난 항의를 받아야 했을 테니까. 나는 아무 일 없었다는 듯 씩씩하게 호텔을 나와 오전 관광에 나섰다.

  심라는 히마찰 프라데쉬(Himachal Pradesh) 주에 있는 도시로 1817년 영국 관리들이 델리의 살인적인 더위를 피해 여름 한철 수도로 옮기면서 본격적으로 개발된 곳이다. 그래서 심라 곳곳에는 영국인들의 흔적이 남아 있어 인도 같지 않은 분위기다. 영국 식민지 유산의 대표적인 것이 바로 아침에 갔던 바이스리갈 로지(Viceregal Lodge)이다.

  1888년에 완공된 이 빌딩은 영국식 건물로, 이곳에서 역사적인 사건이 많이 일어났다고 한다. 현재는 인도인 고등학술연구소(Indian Institute of Advanced Study)로 사용되며 박사 과정을 이수하는 사람에게만 도서실을 개방한다. 평지에서 차로 쉬지 않고 달려도 세 시간이 걸리는데 그 옛날 차도 없이 이런 곳에 건물을 어떻게 지을 수 있었는지 신기할 따름이다. 안내원에 의하면 나무는 버마산 티크이고 샹들리에는 벨기에에서 수입했으며, 지금 전시되어 있는 가구들은 거의 전부가 그 당시 가구라고 한다. 천장을 장식한 나무는 지금껏 변함없이 나무결 그대로 빛을 발하고 있었다.

심라가 히말라야 언저리라는 이야기는 전에 했지만 그걸 느끼지는 못했는데 이 건물 뒤편에 전망을 보니 하얀 구름 사이로 만년설에 휩싸인 히말라야 산이 보였다. 과연 그것이 히말라야였는지는 모르겠지만 그렇게 믿고 뿌듯해 했다. 멀리서 봉우리만 흘끗 봐도 감격스러운데 정말 히말라야 산 정상에 오르면 기분이 어떨까?

히말라야에 오르고 싶다는 소망은 감히 가져 보지 못했다. 나의 저질체력으로는 그냥 멀리서 보는 것만으로 만족해야 했다.

오전에는 이곳을 일찍 보고 시장에 가서 쇼핑을 하려고 했지만 아침도 늦게 먹은데다 바이스리갈 로지에서 많은 시간을 보내는 바람에 쇼핑은 할 수 없었다. 쇼핑하고 오후에 출발하면 집에 언제 도착할지 모르기 때문이다. 호텔 직원에게 점심 먹을 곳을 추천해 달라고 하니 두 시간 정도만 내려가면 팀버 트레일(Timber Trail)이라는 호텔이 있다고 했다. 선물을 하나도 못 샀기 때문에 가다가 사과라도 살 생각에 심라 사과가 어떤 것인지 물어보니 크고 거무스름한 붉은빛이라고 했다. 고산지대라 과일은 사과가 유명했다.

호텔 직원에게 미리 물어보지 않았다면 심라 사과를 사는 일이 매우 힘들었을 것이다. 왜냐하면 과일가게에 사과만 너댓 종류나 있었기 때문이었다. 그곳에서 산 사과를 늦은 점심 대신에 깎아먹었는데, 진하고 좋은 사과 향이 차 안에 온통 배어들었다.

올라갈 때와 달리 내려올 때는 속이 심하게 울렁거렸다. 경사가 가파른 계곡을 따라 제법 오랜 시간 꼬불꼬불 내려오니 그럴 수밖에 없었다. 팀버 트레일에 도착해 점심식사만 하고 출발했으면 일찌감치 도착했겠지만, 온 김에 케이블카 한 번 타 보자는 남편의 말에 일정이 계속 늦어지고 만 것이다.

팀버 트레일 호텔은 특이하게도 케이블카를 타야 갈 수 있는 호텔이었다. 1987년 세워진 이 호텔은 5,000피트 정상에 자리하고 있어 발아래 펼쳐진 경관이 정말 아름다웠다. 심라의 다른 곳에 집이 다닥다닥, 빼곡하게 들어서 있는 것과는 달리 산골짜기에 집들이 드문드문 있어 마치 우리나라 강원도 어디쯤 온 듯한 기분이었다.

이 호텔을 처음으로 상상한 사람은 누구인지 정말 궁금하다. 우리나라 같으면 상상 자체가 안 될 것이다. 누구나 뻔히 알고 있다. 이런 곳에는 절대로 허가가 나지 않는다는 것을. 아무도 보지 못하는 것을 보고, 아무도 생각하지 못하는 것을 생각하는 사람들이야말로 이 세상을 바꿔나가는 핵심인물이다. 그러나 세상을 긍정적으로든 부정적으로든 바꾸는 것이 과연 옳은 것일까. 왜냐하면 결과는 늘 엉뚱하게 나타나는 경우가 많기 때문이다. 변화의 끝은 아무도 모른다. 어떤 나비 효과를 일으켜 다음 세대에 영향을 미칠지 모른다. 머릿속이 복잡하다. 인도에서 살면 이렇게 생각이 많아진다.

호텔 시설을 더 둘러보고 싶었지만 간신히 전망만 구경하고 다시 내려왔다. 그래도 시간은 벌써 오후 4시가 넘었다. '오늘 안으로 가기만 하면 되니까' 하는 생각에 너무 지체해 버렸다. 사실 퇴근시간을 피해 9시경에 델리에 도착하면 괜찮을 듯하여 느긋하게 마음먹었는데, 막상 델리에 도착해 보니 역시나 늦은 그 시간까지도 교통이 혼잡해서 차가 한 시간 넘게 막혔다. 그래도 이것저것 제대로 구경한 터라 막히는 것이 문제가 되지는 않았다. 도시야 원래 그런 거니까. 막히고, 시끄럽고, 공기가 탁하니까 도시인 게다. 몸만 델리에 있을 뿐 마음은 여전히 심라 언저리를 헤매느라 도시의 소음은 들리지 않았다.

내니탈 호수

본격적으로 더위가 시작되지 않았지만 심라 여행을 다녀온 후로 다시 산이 가고 싶어져 이번에도 역시 히말라야 만년설이 보인다는 내니탈(Nainital)에 가기로 했다. 인도 땅 위로 길게 모자처럼 드리운 히말라야 산맥 덕분에 인도 북부 어디를 가도 그 산의 언저리를 볼 수 있다.

내니탈 역시 델리에서 320킬로미터 밖에 떨어져 있지 않지만 중간중간에 끊어진 도로와 꼬불꼬불 산길로 인해 장장 여덟 시간을 차 안에서 보낸 뒤 날이 어둑어둑해서야 도착했다.

도착해서 숙소를 보니 생각보다 심각한 상태였다. 오기 바로 전날 우리가 예약한 호텔이 취소되었다고 해서 다른 곳을 알아 보았지만 연휴라서 방이 없다고 했다. 대신 예약한 곳이 별 두 개쯤이나 될까. 사진으로 볼 때는 나름 그럴 듯했는데 실제로 보니 일단 너무 불결하고, 퀴퀴한 카펫 냄

인도, 신화로 말하다

새며, 산속이라 방 안은 춥고, 게다가 뜨거운 물은 아침에만 나온다고 했다. 더욱더 심각한 것은 딸아이가 계속 집에 가겠다고 울고불고 하는 것이었다. 지금껏 한 번도 그런 적이 없었는데 이번에는 무슨 일인지 아무리 설명을 해도 울면서 집에 가서 자겠단다. 방이 안 맘에 들고(아직 말이 서툴러 무조건 앞에 '안'자만 붙여서 부정문을 만든다) 자기가 보던 비디오 테이프가 없다는 이유였다. 그렇지 않아도 방 때문에 화가 나 있는 상태였는데 아이까지 보채니 정말 난감했다. 하긴, 오는 도중에도 문제는 있었다. 인도 도로 휴게소에 양변기 있는 화장실이 있을 턱이 없음에도 불구하고 양변기가 없으면 볼일을 안 보겠다고 했고, 화장실 앞에서도 깨끗한지 더러운지 체크 먼저 하던 아이니 참 뭐라 할 수도 없었다. 급하면 그냥 길 옆에서 쉬하라고 해도 "인도 카우(소)나 그러는 거"라면서 자기는 변기에다 쉬할 거라고 참는 아이였다.

아이를 윽박지르다시피 해서 간신히 달래놓고 그날 밤은 온 가족이 겉옷을 입은 채로 잠을 잤다. 다음 날 아침 일찍 일어나 간단히 아침을 먹고 먼저 호숫가로 나갔다. 이왕 온 김에 일단 관광은 해야 할 것 같았다. 오전에 관광을 하고 오후에 숙소를 다시 알아보자는 계획이었다. 호숫가로 나오니 어제의 찜찜했던 기분은 싸악 잊혀지고 약 2,000미터나 되는 높고 웅장한 산속에 고요히 자리 잡은 호수가 신비롭게만 다가왔다. 그런데 또 다른 문제가 발생했다.

카메라로 사진을 찍으려 하니 메모리카드를 포맷하라는 에러 메시지가 나왔다. 전원을 끄고 다시 켜기도 하고 카드를 아예 뺐다가 넣기도 했지만

내니탈 호수에서 노를 젓는 사공(위)과 관광객을 위한 화려한 배(아래).

소용없었다. 그래도 마음에 들지 않는 호텔에서 찍은 사진 몇 컷과 호수가 보이는 언덕 위에서 찍은 사진밖에 없었기 때문에 다행이었다. 안 좋은 기억은 아예 다시 포맷해 버리라는 신의 계시(?)라도 되는 것만 같았다. 결국 그 호텔의 흔적은 내 카메라 속에서 영원히 지워져 버렸다.

호수에서 배를 타려고 가격을 물어보니 터무니없이 비싸게 받지는 않아서 마음이 놓였다. 인도에서는 외국인이라면 몇 배로 받는 게 아니라 몇 십 배로 받는 경우가 흔해 여행 기분을 망치기도 한다. 아침 일찍이라 호수에는 사람이 없었고 고요한 호수에 배를 타고 물살을 가르며 지나가니 그래도 여행 온 보람이 느껴졌다.

시간은 어디에서나 똑같이 흘러간다. 집에서 편안하게 텔레비전 보면서 맛있는 음식 해 먹고 쉬어도 하루는 가고 이렇게 집 떠나서 입에 안 맞는 음식으로 간신히 허기를 면하고 도로사정이 안 좋아 덜컹거리는 차 안에서 7, 8시간을 보내며 힘들게 여행을 해도 하루 24시간을 보내는 것은 변함이 없다.

내 인생의 모토, Do nothing, don't get anything.

아무것도 하지 않으면, 얻는 것도 없다.

일이 힘들거나 비전이 없어 보일 때 나 스스로에게 하는 말이다. 그래, 아무것도 안 하는 것보다는 뭔가를 하면 실패의 추억이라도 얻겠지.

델리만 조금만 벗어나도 외국인이 살기 힘든 곳이 인도라서 더 이상 여행이 즐겁지 않았지만 그래도 떠나야 하는 이유가 바로 이것이다. 몇 년을 인도 땅에 살면서 반경 4킬로미터만 배회하다 끝난다면 그거야 말로 '장 님 코끼리 만지기'보다 못하다. 아니, 본인 스스로를 감옥에 가두는 것과 마찬가지다. 역으로 생각해서 서울에 살고 있는 외국인이 이태원에서만 생활하고 설악산이나 서해바다의 갯벌을 가지 않는다면 그걸 보는 우리는 참으로 안타까운 마음이 들 것이다. 그래서 인도의 도로 사정이 아무리 열 악해도 여행은 계속되어야 한다는 생각이다. 어젯밤에 그 난리를 쳤어도 아침 일찍 만난 호수의 고요함 속에 얻은 마음의 평화만으로도 이번 여행 은 충분한 가치가 있었다.

케이블카를 타기 위해 히말라야 설산이 보인다는 곳으로 걸음을 옮겼 다. 예상보다 사람들이 많아서 우리는 한 시간 반가량 근처를 어슬렁거 려야 했다. 그러는 동안 노점에서 파는 옥수수와 너무나 예쁘게 담긴 딸 기며 오디를 사고 길거리 커피도 마셨다. 딸아이는 유원지에서 놀이기구 를 타고, 나는 서점에 들러 내니탈 지역 지도를 샀다. 심라와 달리 내니탈 을 찾은 관광객 대부분이 현지인들이었는데, 동양인은 거의 볼 수 없었다. 한가로운 시간을 즐기고 나서 케이블카를 타고 호수를 내려다보니 장관이 펼쳐졌다. 연꽃 같은 산봉우리 안에 호수가 싸여 있는 듯했다. 에메랄드 빛 호수가 그저 아름답게만 보였다. 이토록 높고 후미진 곳에 아름다운 호수 가 자리 잡고 있다는 것을 사람들은 어떻게 알고 정착한 것일까.

케이블카에서 내려 히말라야가 보인다는 곳으로 올라갔다. 신기루처럼 하얀 설산이 눈앞에 펼쳐졌다. 날씨가 안 좋았던 심라에서보다 훨씬 잘 보 였다. 이렇게 매일 히말라야 언저리만 보지 말고 꼭 한번 가봐야 할 것 같다는 생각을 하며 산에서 내려왔다.

내려와서는 인도에서 제일 만만한 음식인 탄두리 치킨과 난으로 점심을 먹었다. 인도 어디를 가도 그 두 가지 음식은 입에 맞는다. 배탈이 날 염려도 거의 없다. 점심을 먹고 나니 벌써 세 시였다. 또다시 그 냄새나는 숙소로 돌아갈 생각이 전혀 없던 우리는 관광은 미뤄두고 '숙소 찾아 삼만 리'에 나섰다. 복잡한 내니탈을 빠져나와 인터넷에서 두 번째로 예약하려고 봐 두었던 숙소가 있는 람가르로 갔다. 전화번호를 가지고 가지 않았지만 다행히 가는 길에 광고판이 있어 서둘러 전화를 했다. 그랬더니 예약이 완전히 끝났단다. 그렇다 하더라도 내니탈의 그 호텔로 돌아간다는 것은 너무나 끔찍한 일이었다. 우리는 설마 우리가 쉴 방 한 칸은 있겠지 하는 희망으로 가던 길을 재촉했다. 길에서 만난 교통경찰관에게 시설 좋은 호텔을 물어보고, 그가 알려준 곳에 도착해서 방이 있는지 확인해 보았다.

대답은 역시 No.

하지만 희망은 있었다. 가는 동안 도로 옆에 계속해서 새로운 숙소 광고판이 나타나 우리를 안심시켜주었다. 광고판에 나온 연락처를 보고 전화를 걸었더니, 방이 딱 하나 남았다고 한다. 얼마쯤 더 가다 보니 우리가 잘 알고 있는 호텔 광고판이 보였다. 혹시나 하고 연락해 보니 그쪽에도 방이 있단다. 우리는 드디어 두 개의 방을 놓고 선택해야 하는 행복한 순간에까지 이르게 된 것이다!

처음에 본 님라나 호텔은 가격이 비싸고 방도 마음에 들지 않았다. 그곳 역시 냄새나는 것은 똑같았다. 단지 시설이 좀 고급스럽고 깨끗하다는 것뿐이었다. 다음에 가 본 곳은 딸라데일 코티지였는데 그곳은 방을 보자마자 한눈에 마음에 들었다.

우리가 선택한 곳은 가격이 좀 저렴한 대신 전망은 거의 없었다. 이곳의 호텔은 시설보다 전망이 그 가격을 좌우하는 것 같았다. 산봉우리 하나에 아늑하게 자리 잡고 있던 님라나 호텔은 전망이 정말 끝내준다는 말밖에 안 나왔다. 람가르의 산은 높기는 하지만 위압감이 느껴지지 않고 산세가 부드러워 마음이 평온해지는 특이한 곳이었다. 그럼에도 불구하고 나는 전망보다는 방 그 자체를 보고 딸라데일 호텔을 선택했다.

딸라데일은 퇴역한 군인이 운영하는 곳이었다. 개인이 펜션처럼 돌보는 곳이라서 정원도 아기자기하게 예쁜 꽃과 나무로 가꿔 놓았고 실내 인테리어도 호텔 같은 느낌이 전혀 들지 않게 일반 가정집처럼 편안하게 꾸며 놓았다. 우리는 짐을 일단 풀고 해가 지기 전에 람가르 지역을 한번 더 둘러보기로 했다. 호텔에서 도로까지 약 5분 동안 걸어 올라가야 하는 것이 다소 불편했지만 재미있었다. 마치 옛날 시골동네에서 놀던 것처럼 오솔길을 걸어 올라가니 정말 여행 온 기분이 났다. 문제는 길이 조금만 나빠도 전혀 걸을 생각을 하지 않는 딸아이였다. 어쩌면 아이들의 특권일지도 모른다. 엄마, 아빠 품에 안겨 행복한 흔들림 속에 세상을 넓고 여유롭게 볼 수 있는 특권. 덕분에 아빠가 고생 좀 했다.

저녁에 호텔로 돌아와서 벽난로에 장작불을 지펴 달라고 부탁하자 지금은 시즌이 아니라서 어렵다고 했다. 우리가 거듭 요청한 결과 호텔의 거실에서만 약 30분간 벽난로에 불을 때주겠다고 했다. 우리는 가져간 즉석밥

과 컵라면, 김치로 오랜만에(약 하루 반) 아주 맛있게 저녁을 먹었다. 참, 세
상 좋아졌다는 말이 절로 나온다. 서울에서 그 먼 히말라야 언저리까지 가
서 김치와 즉석밥으로 한 끼를 해결할 수 있게 되었다는 사실이 말이다.
한국인의 끈질긴 음식문화, 한국인이 가면 김치는 어디든 간다. 저녁을 맛
있게 먹고 내려오니 거실 벽난로 장작에 불을 붙이기 시작했다. 드디어 벽
난로에 장작이 타닥타닥 타는 거실에 앉아서 이야기를 하게 된 것이다. 전
원생활의 로망 중의 하나가 벽난로가 아닐까? 장작불이 활활 타오르면 모
든 스트레스와 고민이 다 타버리는 것 같다. 의정부에 살 때도 장작불 피워

주는 카페를 자주 찾았었다. 그때는 야외라서 마치 대학교 때 엠티 간 기분이 들었다. 벽난로 앞에서 옆에 앉은 인도인들과 이런저런 이야기를 주고받으면서 내일 이곳을 떠나기 전에 어디를 갈까 고민했는데 여행정보도 얻게 되었다. 그것이 사건의 시작일 줄은 정말 꿈에도 몰랐다.

거실에서 한참을 놀다가 지루해 하는 아이를 따라 밖으로 나왔다. 세상에! 밖은 절대 암흑세계였다. 도시에서는 아무리 캄캄한 밤이 되어도 칠흑 같은 어둠은 없다. 인간들이 밝혀놓은 온갖 종류의 불빛이 존재하고 있어 진정한 의미의 밤은 사라져버린 지 오래다. 오죽하면 자면서도 커튼을 쳐야 잠을 제대로 잘 수 있으니 말이다. 칠흑 같은 어둠은 글에나 존재할 뿐, 현실에는 없다고 생각했다.

안셀 아담스(Ansel Adams)의 존 시스템(Zone system)에 의하면 검은색에서 흰색까지 열 개의 계조가 있다. 그중 존 제로 상태인 완전 검은색(pure black)을 도시의 밤하늘에서는 더 이상 찾아 볼 수가 없지만 람가르의 산 중턱 호텔에서 바로 그 순수한 검은색을 만날 수 있었다.

그리고 그 안에 무수히 박혀 있는 별들. 바로 내 앞에서 너무도 선명한 북두칠성이 칠 자를 그리며 완벽한 검은색 안에서 보석처럼 반짝였다. 정말 신기한 일이다. 물론 나는 해발 2,000미터 이상에 올라와 있지만 그렇다고 별이 이렇게 가깝게 보일 수 있을까? 이성이 명징하게 깨어 있을 만큼 쌀쌀한 밤에 하늘의 별을 보고 우주의 이치를 고민하다가 방으로 돌아와 처음 한 일은 이성을 잠재우는 와인 한잔을 마시는 것이었다. 그것도 김치와 마른 한치를 안주 삼아서….

인도, 신화로 말하다

다음 날 부지런히 준비하고 7시 반에 아침 먹으러 식당으로 내려갔다. 역시 아침도 어제의 호텔과는 비교가 되지 않았다. 메뉴는 새로울 것 없는 시리얼, 우유, 오믈렛 등으로 비슷하지만 식당 분위기가 달랐다. 아침을 즐겁게 먹고 어제 인도인한테서 들은 정보대로 히말라야 산이 제일 멋지게 보인다는 묵테쉬아르로 출발했다.

그곳까지 가는 길은 그림처럼 아름다웠다.

여기는 다랑논이 아니라 다락과수원이다. 산을 깎아 대부분 한 골 한 골 사과나무, 복숭아나무, 살구나무를 심어놓았다. 복숭아꽃은 벌써 졌고, 곳곳에 사과 꽃은 남아 우리의 향수를 달래주었다. 특히 이 지역은 심라보다 훨씬 더 강원도와 흡사하다. 심라는 침엽수가 많아 웅장하고 거대한 느낌이 들며 이국적이지만, 내니탈이나 람가르 지역은 산세며 그 안에 심어져 있는 활엽수 나무까지 마치 한계령이나, 소백산을 넘어가는 듯한 느낌이 들어 계속 놀라움을 금치 못하고 있었다. 거기다가 사과까지 달려 있으니 주왕산 어딘가를 지나는 듯한 느낌이 들어 정감 어린 풍경으로 다가왔다. 여기가 한국인가 착각하며 창문을 열고 바람을 맞다 보면 어느새 원숭이들이 무리를 지어 길을 지나가고 있었다. 그제야 '맞아, 여긴 인도지' 하는 생각이 들 정도로 잠시 잠깐 한국의 풍경을 만끽했다.

묵테쉬아르 올라가는 길은 한 시간이 넘게 계속 꼬불꼬불, 옆은 깎아지른 듯한 절벽이었다. 히말라야가 보인다는 곳에서 사진을 찍고 나니 더 이상 할 일이 없었다. 어제 인도인의 말에 의하면 낭떠러지가 2,000미터나 된다는 바위에 가면 정말 아슬아슬하다고 하여 아이와 산길을 걸어 올라

케이블카에서 내려다본 나니탈 호수

갈 엄두가 나지 않았다.

어른들도 선 채로 밑을 내려다볼 수는 없고 바위에 엎드려 조금씩 기어 가면서 밑을 내려다본다고 했다. 그리고 델리까지 가는 시간을 고려하면 더 이상 그곳에 머물며 관광할 시간이 없었다. 내려오는 길은 올라갈 때와 는 달리 그 급한 경사와 리을 자 길로 인해 계속 속이 울렁거렸다. 아침에 별로 먹은 것도 없이 속이 허한 상태에서 3시간이 넘게 산속을 달리다 보 니 속에서는 계속 이상 신호를 보내고 있고 잠자던 아이도 깨어나 배가 아 프다고 했다. 처음에 우리는 아이가 정말 배 아픈 줄 알고 그럼 산속에서라 도 볼 일을 보자고 했더니 무조건 싫다고 했다. 나중에 생각해보니 배 아픈 게 아니라 나처럼 속이 울렁거렸던 것이었다. 산길을 다 내려가고 났을 때 아이는 더 이상 배 아프다는 이야기를 하지 않았다.

하지만 나는 더 이상 참을 수 없는 지경에 이르게 되었다. 그렇게 생각한 순간 내 위는 완전히 뒤집어져 차를 멈출 사이도 없이 아침에 먹은 것들을 차례로 되돌리고 있었다. 나는 그 와중에도 순발력 있게 차 문을 열고 밖에 다 실례를 하는 묘기를 부렸다. 모든 일은 순식간에 일어났다. 다행이라면 차가 속도를 내지 못하는 지역을 통과하고 있었다는 점이다. 예전에 영주 에서 소백산을 넘을 때도 거의 죽을 뻔했고 지난번 심라도 내려올 때 무척 힘들었지만 이러한 경우는 생애 처음 있는 일이었다.

우여곡절 끝에 내니탈 관광을 마치고 산 밑에 내려와 델리를 향해 달렸 다. 결국 우리는 대부분의 시간을 차에서 보내고 유명한 곳은 거의 가지 못 했다. 내니탈은 1839년 영국인 배런이 발견해서 개발된 곳으로 그와 관련 유적이 많았지만 일일이 찾아다닐 수 없었다. 람가르는 타고르(Tagore)가 그 유명한《기탄잘리》를 쓰던 곳이고, 또 다른 시인인 마하데비 베르마(Mahadevi Verma)가 살던 곳은 박물관으로 개조되었다고 하는데 그곳 역시 가보지 못했다. 그래도 내니탈 호수에서 배를 탔던 기억과 과수원 사이로 바람을 가르며 차를 달렸던 추억만으로 만족스러운 여행이었다.

집에 도착하니 밤인데도 날씨는 후끈후끈했다. 산속의 상쾌하던 날씨와 비교되어서 더 그랬는지도 모른다. 드디어 본격적인 델리의 여름이 시작된 것이다. 40도가 넘어가는 델리의 불 같은 여름….

타지마할의 빛

"부잣집에서 살면 저 정도 예쁜 것은 당연하죠."

"저런 아름다움은 내면에서 오는 거란다. 아무리 누추한 오두막에 살아도 그 아름다움은 사라지지 않지."

자항기르 황제의 세 번째 왕자인 쿠람, 샤 자한(Shan Jahan)은 그의 평생 반려자가 될 아르주만드를 처음 보자마자 이렇게 말했다. 그리고 바로 그 다음 날 황제에게 가서 그녀와 결혼하고 싶다고 허락을 구했다. 정략결혼을 염두에 두고 있던 황제는 안 된다고 했지만 눈물을 흘리며 간청하는 아들을 거절할 수 없어 황실에 있던 점성술사들에게 과연 두 연인이 운명적으로 연결되어 있는지 물어보았다. 다행히 점성술사들은 두 영혼이 맺어질 운명이지만, 지금 당장은 아니고 5년 뒤 상서로운 날에 결혼하면 좋다는 결론을 내리게 된다.

무굴제국의 제5대 샤 자한 황제는 동서고금을 통틀어 부인을 가장 지고 지순하게 사랑한 황제일 것이다. 그들은 정략결혼이 대부분인 황실에서 첫눈에 반해 서로를 사랑하게 되었고 황실의 점성술사의 점괘대로 결혼하기 위해 무려 5년을 기다려 정식 혼례를 치렀다.

만토시 싱 데브지(Mantoshe Singh Dviji)의 『타지마할 사랑이야기(Taj Mahal Lover's story)』에 의하면 일 년에 단 하루, 얼굴의 베일을 벗을 수 있는 미나 바자에서 그들은 처음 만났다고 한다. 그들 사이에는 14남매가 있었는데 전쟁터까지 데리고 다니면서 헤어지기 싫어 했던 부인, 뭄타즈 마할이 14번째 아기를 낳다가 죽자 샤 자한의 상실감이 얼마나 컸는지 하루아침에 머리카락이 백발로 변했다는 전설적인 이야기가 있다. 그처럼 사랑했던 아내를 위해 지상 최고의 무덤을 만들어 바친 것이 바로 타지마할이다. 이곳은 1654년 완공된 이래, 수백만 명의 사람들이 감동을 받고 돌아가서 각자 후기를 남겼다. 단 한 줄이든 책 한 권이든 이곳을 다녀간 사람들은 그 느낌을 쓰지 않고는 배기지 못했을 것이다. 나 역시 그 많은 사람들과 하나가 되어 그저 그러한 평범한 느낌이라도 써야 할 것 같은 의무감까지 들었다. 그런 멋진 예술작품을 보고 어찌 침묵하고 있을 수 있겠는가. 나는 유명한 곳을 다녀온 뒤면 진짜 내가 그곳을 간 것이 아니라 마치 꿈속에서 그곳을 다녀온 듯한 착각에 빠지곤 한다. 스페인 그라나다의 알함브라 궁전, 프랑스의 베르사유 궁전이 그랬고 특히 이탈리아의 베니스가 제일 비현실적이었다. 타지마할도 마찬가지였다. 이 지구상에서 가장 슬프고도 아름다운 무덤에 대해서 이야기하는 것이다. 타지마할의 그 빛나는

정면에서 바라본 타지마할의 모습.

하얀 대리석을 정말 내 두 손으로 어루만지고, 야무나 강에서 불어오는 시원한 바람을 맞으며 타지마할 궁전 대리석 바닥에 앉아, 타지마할을 꿈꿨던 수십 년 전 과거로 돌아가는 시간여행까지 했다.

2007년 여름, 인도인에게는 20루피, 외국인에게는 750루피라는 터무니 없는 입장료를 내고 물 한 병과 대리석의 손상을 막기 위해 구두 위에 신어야 하는 덧신을 들고 정문에 들어섰다. 그 순간 모든 사람들의 입에서 가벼운 탄식의 소리가 나오면서 각자 카메라를 꺼내기 바쁘다. 타지마할은 그 찰나의 순간에 신기루처럼 다가왔다.

아침 태양에 눈부시게 빛나는 흰 대리석 무덤은 이 세상의 그 어느 화려한 궁전보다 완벽하게 아름답다.

세상에 유일하게 존재하는 완벽한 흰색 건물이 바로 타지마할이다. 페인트로 칠한 하얀 건물과는 말 그대로 차원이 다르다. 타지마할은 스스로 빛을 뿜어내기도 했다가 모든 빛을 받아들여서 푸르렀다가 붉었다가 시시각각 그 색을 달리한다. 멀리서 바라본 타지마할은 마치 건물 뒤편에서 대형 조명을 비추는 것처럼 주위에서 광채가 났다. 비운의 왕비 다이애나가 찰스 황태자와 관계가 안 좋았을 때 인도를 방문하여 그 아름다운 건물을 배경으로 혼자 쓸쓸히 대리석 의자에 앉아 있는 사진이 떠올랐다. 이 무덤 속의 주인공 뭄타즈 마할(Mumtaz Mahal)은 남편의 사랑으로 이 화려한 곳에서 영생을 얻었고, 다이애나는 비극의 전조를 알리듯 외롭게 앉아 있었고, 나 같은 평범한 사람들은 한나절 동안만이라도 꿈같은 사랑의 주인공이 되고 싶어 머나먼 길을 달려온다. 사랑은 영원하지 않기 때문에 샤 자한의 전설 같은 사랑이 더욱더 많은 이들에게 감동을 주는 것인지도 모른다.

그러나 가까이서 타지마할을 보게 되면 또 다른 상념에 잠기게 된다. 건물의 세밀한 장식을 보고는 과연 이것이 정말 돌로 만든 것일까 하는 의구심을 품게 되는 것이다. 기계가 아닌 인간의 손으로 그처럼 정교하게 돌을 세공해 마치 붓으로 그린 그림처럼 섬세하게 새긴 문양 하며, 벽에 꽃이 원래 피어 있었던 듯 입체적인 모습을 보면서 동원된 인부들의 삶이 오버랩된다. 22년 동안 2만 명이 넘는 인력이 일일이 손으로 처음부터 끝까지 모든 작업을 했다는 점을 생각해 보면 얼마나 고생했을지 짐작할 수 있다. 어찌 보면 그 노동자들은 평생 고통스런 삶을 살다가 불행한 최후를 마쳤을지도 모른다. 설에 의하면 다시는 똑같은 건물을 짓지 못하도록 손목을 잘랐다는 이야기도 있다. 내가 도저히 믿을 수 없다고 하자 한 인도인 친구는 그 말이 사실이라고 힘주어 말하기도 했다.

우리가 감탄해 마지 않는 이 위대한 건물을 짓기 위해 평범하고 힘없는 일반 백성들은 22년 동안 40도를 오르내리는 인도 최악의 더위와 싸우면서 하나의 꽃잎을 완성하고 바닥의 돌을 깔았을 것이다. 아그라에는 없는 흰 돌을 운반하기 위해 낙타와 코끼리 역시 인간들 못지 않게 힘든 나날을 보냈겠지. 인류의 모든 위대한 유산은 이처럼 이름 없는 인간의 인내와 작은 능력이 모여서 이루어진 것이다. 22년의 노역 덕분에 후손들은 자자손손 그 영광을 누리게 된다. 지진 같은 천재 지변이 일어나지 않는 한 이 건물은 2만 2천 2백 2십 2년이 넘도록 존재하며 인도인뿐만 아니라 인류의 문화유산으로 남게 될 것이다. 생각이 거기에 미치면 입장료를 많이 내는 것은 그들에게 경외심을 표할 수 있는 유일한 방편이라는 사실을 깨닫게 된다. 이 건물이 사라지지 않고 오랫동안 보존되는 데 튕겨져 나간 돌 조각만큼이나 작게 그 힘을 보태는 것뿐이다.

꿈은 이루어진다고 했던가.

타지마할이 어느날 하루 아침에 누군가 혼자의 힘으로 지어진 것이 아니듯 나의 꿈 역시 나만의 힘으로 된 것은 절대 아니다. 나와 직접적인 관련이 없는 수많은 사람들이 이루어 놓은 바탕 위에서 꿈이 실현된 것이다.

대한민국이 미얀마 군정처럼 독재로만 끝났다면, 필리핀 정권처럼 부패하기만 했다면 그 속에 살고 있는 대다수 평범한 사람들의 공통적인 삶의 질은 턱없이 낮아져 비행기로 세계여행을 할 수 있는 사람들은 소수에 지나지 않았을 것이다. 그 누군가가 평생을 바쳐 열심히 일해온 결과로 이 모든 일이 가능했다. 한 대의 자동차가 굴러가기 위해서는 2만 5천 개의 서로 다른 부품이 필요하지만 우리의 삶이 풍요로워지기 위해서는 수없이 많은 사람들의 노력이 총체적으로 쌓이고 쌓여야 한다. 내 꿈을 이루게 해준 모든 사람들에게 고마운 마음이다.

세상은 내 뜻과는 다르게 움직이지만 나는 세상의 뜻대로 움직인다. 샤자한은 타지마할을 지으면서 아그라가 세계적인 관광지가 되고 자신의 사랑이야기가 인구에 회자될 줄은 전혀 알지 못했을 것이다. 우리도 그 누구의 삶이 나와 연관되어 인생을 변화시킬지 전혀 예측할 수 없는 흥미로운 세상에 살고 있다. 아니, 단 한 명의 삶이 아닌 '타인의 직접적인 모든 삶'이 나와 연관되어 있다. 심지어 그것이 수천 년 전 이름 모를 사람의 삶일지라도.

현재 우리의 삶은 어떠한가. 컴퓨터에 접속만 하면 누구와도 대화가 가능하다. 인간이 만들어놓은 네트워크는 실재하는 것이지만 실재하지 않는 누군가의 소망, 노력, 행동과 바람, 구름, 비, 빛마저도 혼자 존재하지 않고 연결되어 있다. 타지마할이 홀로 아그라에 존재하는 것 같아도 그 건물이 지닌 사랑과 꿈은 누구에게나 공평하게 전달될 것이다. 모든 인류의 자산으로 영원히 그 자리에서 빛을 발하기를 소망한다.

나만의 여행지

　시간이 지나고 보니, 느리게 했던 단순한 여행이 인상에 가장 많이 남는다. 인도를 관광객으로 가면 분초를 다투며 일정에 따라 움직일 수밖에 없다. 유명 관광지에 가도 관광객을 구경하러 간 것인지 유적지를 보러 간 것인지 분간이 안 가는 것은 물론, 아무런 감동도 느끼지 못할 때가 많다. 시간이 한정적이기 때문이다.

　우리나라에 관광하러 온 외국인이 서울이나 부산 해운대, 전주 한옥마을 같은 곳에 가려고 하지 온양의 외암리 민속마을 같은 곳은 가볼 생각도 못할 것이다. 하지만 서울에, 부산에, 전주에 몇 년 이상 살고 있는 사람이라면 이야기가 달라진다. 인파로 북적이는 유명 관광지보다는 색다르고 한국적인 장소를 찾아가길 원한다. 그곳에서는 색다른 정취와 함께 감동도 두 배로 느낄 수 있다.

인도에서 몇 년을 살았던 나는 관광객이 가보기 어려운 곳까지 가는 행운을 누렸다. 수도 델리에서 하루 코스로 다녀올 수 있는 인상적인 곳도 몇 군데 찾아가게 되었는데, 지금도 나만의 보물 여행지로 남아 있다. 아끼는 과자를 언니, 오빠 몰래 숨겨두고 혼자서만 야금야금 먹는 아이처럼 그곳에서 찍은 사진을 가끔씩 꺼내 본다.

• 사모드 궁전

동화 속 공주가 살고 있을 것 같은 아름다운 궁전으로, 자이푸르에서 40킬로미터나 떨어져 있어 단체 관광객은 갈 수 없는 곳이다. 자이푸르 시내에도 볼 것이 많아 첫 번째 방문 때는 갈 수 없었지만, 두 번째 방문 때는 외곽까지 갈 수 있었다. 사모드 궁전(Samode Palace)에 도착하기 전까지는 약간의 의심을 가졌다. 일부러 시간 내서 먼 길 가는데 별 볼 일 없는 관광지라면 함께 간 사람들에게 면목 없을 것 같아서였다. 사전 조사도 한 상태였지만 가는 동안 주변 경치를 봐도 특별한 곳이 나오기는 할까 불안한 마음이었다. 한 시간 넘게 달려 사모드 궁전 정문에 도착했을 때, 모든 걱정이 기우에 불과했다는 것을 깨달았다. 눈앞에 장관이 펼쳐진 것이다. 황량한 사막의 산골짜기에 그토록 아름다운 궁전이 자리하고 있을 것이라는 상상조차 할 수 없었다. 감탄사가 절로 나왔다.

사모드 궁전은 원래 16세기에 라지푸트 성(城)으로 지어졌으나 19세기

벽면 장식과 가구의 색상이 조화롭다.

에 호텔로 개조되어 지금에 이른다. 무슬림 건축양식의 성은 화려하기 그
지없고, 인테리어는 라지푸트 스타일인데 각 방마다 전혀 다른 콘셉트로
되어 있다. 아름다운 모자이크 거울이나 웅장한 대리석 기둥도 감탄을 자
아낸다.

　우리 일행은 우연히 알게 된 궁전 관계자 덕분에 관람이 제한된 구역에
도 가볼 수 있었다. 라자스탄 지방의 고위 공직자, 라자스탄의 마하라자,
즉 지방 왕족의 자제가 살던 이 궁전의 거실과 침실은 비공개인 곳인데 운
좋게 구경할 수 있었던 것이다. 터키블루색으로 장식된 방은 눈을 뗄 수 없

을 만큼 아름답다. 지나치게 아름다운 곳을 보면 표현의 한계를 느낄 때가 있다. 그 어떤 말을 해도 상투적이라는 느낌밖에 들지 않을 때 말이다. 이곳이 바로 그랬다. 타지마할처럼 웅장하지도 않고, 델리의 쿠트브 미나르(Qutb Minar)처럼 역사가 깊은 것도 아니지만 건축물 자체로, 사막에 지어진 신기루 같은 느낌으로 사모드 성은 나만의 여행지가 되었다.

• 힐 포트 케솔리

힐 포트 케솔리(Hill Fort Kesroli)를 찾아가는 길은 정말로 험난했다. 제대로 된 이정표조차 없는 워낙 알려지지 않은 곳이라서 시골 구경 가는 마음으로 길을 나섰는데, 복병이 너무 많아 약 130킬로미터 거리를 이동하는데 4시간이 넘게 걸렸다. 그런 곳을 내비게이션 없이 지도책만 보고 찾아가는 모험을 단행한 것이다. 서울 살 때도 지도를 보면서 꽉 막힌 고속도로 대신 국도를 지나고 마을 농로를 지나는 여행을 한 적이 많아 단순히 재미있을 것이라고만 생각했다. 그러나 인도에서는 달랐다. 지도에는 표시되어 있는 길도 끊겨 있거나 마을로 잘못 들어가면 더욱 헷갈리기 일쑤였다. 서울에서 대전까지의 거리보다 짧은 거리라 조금 헤매더라도 3시간이면 충분할 거라 생각했는데 4시간이 넘도록 차 안에 갇혀 달려왔지만 목적지가 보이지 않았다. 중도에 포기할까 싶은 마음이 들 정도로 지쳐 있었다. 인도의 시골 정취를 만끽하려는 야심찬 계획은 수포로 돌아갔고, 지루함

정갈하게 정돈된 고요한 오후 풍경.

에 지쳐 원망의 소리만 차 안을 가득 채우기에 이르렀다.

결국 동네를 몇 바퀴 돌고 돌아서 목적지에 도착했다. 소박하면서도 특색이 있는 고성으로, 14세기 성을 개조해 호텔로 만든 곳이다. 고요하고 정돈된 주변 풍경이 인도답지 않았다. 멀리 보이는 들판과 낮은 구릉이 아늑하게 느껴지는 곳이었지만, 동네 전체를 돌아볼 만한 시간이 없었다. 지칠 정도로 오래 차를 타고 가서 고작 한 시간 남짓 구경하고 말다니! 그래도 옥상에서 바라본 풍경과 방 안에 설치되어 있던 그네는 잊을 수가 없다.

• 수라지가르

이곳을 나만의 여행지라고 부르기에는 조금 무리가 있는 것도 사실이다. 오가는 동안 특별한 곳도 없고 성 역시 어설프게 개조된 곳이라 오히려 실망스러웠다. 특히 그곳 식당에서 나온 짜파티(Chapati)는 인도에서 먹어본 것 중에 가장 맛이 없다 해도 과언이 아닐 정도로 최악이었다. 그럼에도 불구하고 나만의 여행지로 꼽은 이유는, 끝없이 펼쳐진 겨자꽃밭 때문이다. 그냥 보기에는 우리나라 유채꽃과 똑같은데 이곳에서는 겨자꽃이라고 부른다. 관광객의 눈에는 겨자꽃이나 유채꽃이나 그게 그거다. 아지랑이 피어나는 곳에 일렁이는 노오란 겨자꽃은 봄의 환희를 느끼기에 충분했다. 유명한 제주도 유채꽃밭에 가본 적이 없는 나로서는 그저 감동일 뿐이었다. 아무리 추워도, 아무리 미세먼지가 많아도 꽃은 피어나고 봄은 찾아

온다. 이 꽃이 지고 나면 거두는 겨자씨에 대한 유명한 일화가 있다.

　하루는 병으로 죽은 아이를 가슴에 품은 한 여인이 부처님을 찾아와 죽은 아이를 살려달라고 애원한다. 그때 부처님은 이렇게 말했다.

　"그렇다면 지금 당장 마을로 가서 집안 어른, 남편, 아내, 아이, 친구 등등 단 한 명도 죽은 사람이 없는 집을 찾아 그 집에 있는 겨자씨 한 줌을 가져 오너라."

　그러나 안타깝게도 죽음의 고통을 겪지 않은 집은 단 한 집도 없었다.

산 중턱에 위치한 고풍스런 님라나 포트.

짧지만, 이런 일화를 보더라도 기원전 2,500년 전부터 인도 땅에서 겨자는 중요한 역할을 해왔다는 것을 알 수 있다. 겨울이 끝나가는 2월부터 겨자꽃은 거대한 물결을 이루며 피어난다. 겨자꽃 들판이 펼쳐지는 지평선으로 해가 지는 광경을 볼 수 있을 만큼 광활한 겨자꽃밭은 장관이라는 말이 딱 어울리는 곳이었다.

• 님라나 포트

1464년에 지어졌다는 님라나 포트(Nimrana Fort)는 그 엄청난 규모에 놀라고 고풍스러운 풍경에 압도당하는 곳이다. 이곳은 업무상 델리를 찾는 사람들에게 추천하고 싶은 장소로, 그 이유는 고속도로에서 바로 들어갈 수 있어 접근성이 매우 좋고 인도의 여느 관광지와는 다른 모습이라 차별성이 있다는 점 때문이다. 인도의 기본 관광 코스는 델리를 중심으로 자이푸르와 타지마할이 있는 아그라를 다녀오는 것인데, 그다음에 시간이 애매하게 남아 있을 때 가면 좋을 듯하다.

가끔은 지인들이 전혀 모르거나 가본 적 없는 곳에 다녀오고 나서 "내가 처음 가봤다"는 것을 자랑 삼아 이야기하곤 한다. 나만의 여행 허세라고 할까? 아는 사람이라야 많지도 않지만, 님라나 포트에 내가 제일 먼저 다녀왔다는 사실에 혼자 즐거워했던 적이 있다. 누군가가 남는 시간에 가볼 만한 곳을 물어보면 자신 있게 추천해주기도 한다. 이제는 코스가 개발되어 우리나라 관광객들도 많이 찾는 곳이다.

PRIVATE PREMISES
PLEASE DO NOT TRESPASS

श्रीश्री नैसरा (नव दुर्गा) माता जीका मन्दिर

인도, 신화로 말하다

글 · 사진 | 현경미

1판 1쇄 인쇄 2015년 3월 25일
1판 1쇄 발행 2015년 4월 1일

펴낸이	현경미
펴낸곳	도래
주소	서울시 서초구 강남대로 코리아 비즈니스센터 402호
전화번호	070-8910-3345
전자우편	doraebooks@gmail.com
출판등록	2014년 5월 8일 제2014-000009호

책임편집	김한나
디자인	VORA design
인쇄	한솔애드

ISBN 979-11-952888-1-6 03270
값 16,000원